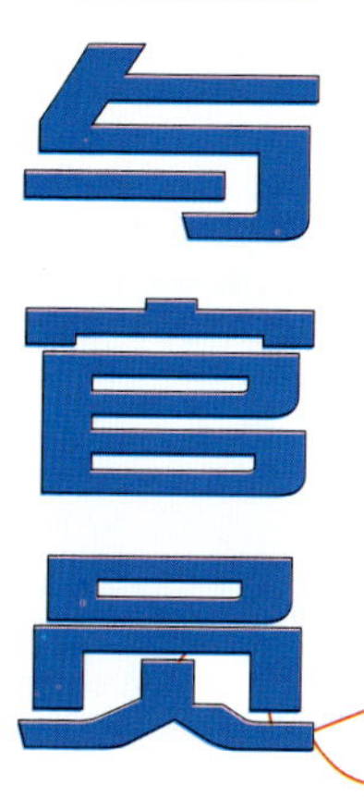

与官员谈财政税收

王东京 李莉 著

中国青年出版社

（京）新登字 083 号

图书在版编目（CIP）数据

与官员谈财政税收/王东京著．—北京：中国青年出版社，2003

ISBN 7-5006-5241-0

Ⅰ．与...　Ⅱ．王...　Ⅲ．①财政-研究-中国②税收管理-研究-中国　Ⅳ．F812

中国版本图书馆 CIP 数据核字（2003）第 057634 号

*

中国青年出版社 出版 发行

社址：北京东四 12 条 21 号　邮政编码：100708

网址：www. cyp. com. cn

编辑部电话：（010）64033813　发行部电话：（010）64010813

天利华印刷有限公司印刷　新华书店经销

*

850×1168　1/32　10 印张　2 插页　168 千字

2003 年 8 月北京第 1 版　2003 年 8 北京第 1 次印刷

印数：1—15,000 册　定价：22.00 元

本图书如有任何印装质量问题，请与出版处联系调换

联系电话：（010）64033570

雄狮书店：（010）84039659

目　录

引　言 …… 1

财政制度 …… 1

国家预算举足轻重 …… 3
“零基预算”革故鼎新 …… 8
财政体制几经变革 …… 13
国资管理日臻完善 …… 19
财政监督防微杜渐 …… 25

财政职能 …… 31

财政政策瑕瑜互见 …… 33
国债发行的四种方式 …… 39
财政赤字应调控有度 …… 45
财政乘数四两拨千斤 …… 51
审慎防范外债风险 …… 57
市场失灵与政府干预 …… 63

财政收支 …… 69

财政收入聚敛千金 …… 71
公债与财政“挤出效应” …… 77
财政花钱当量力而行 …… 83

引言

稳定经济的力量

1887年，美国作家爱德华·贝拉米写了部小说，名为《回首前尘》(Looking Backward)，描述的是主人公在1887年入睡，到2000年一觉醒来，发现百年过去，沧桑巨变，人们昔日的梦想均已变成现实。书中写道：一个人再也无需为明天担心，从摇篮到坟墓，政府为每一个公民都做了精心安排，老有所养，弱有所助，社会保障尽善尽美，公众福利一应俱全。小说出版后风靡一时，从此，提供“从摇篮到坟墓”的社会保障成为了政府为民造福的最高目标。

当然，现代政府的职能并不只是

建立社保体系。著名经济学家弗里德曼曾将政府职能归纳为四类：保证国家安全、维护司法公正、弥补市场缺陷、保护“不能对自己负责”的社会成员。显然，政府作为市场经济中的一级，和企业不同，它所提供的是市场无力提供的公共物品；它参与经济生活，既不惟利是图，也不嫌贫爱富，而是心系公众，保护弱势群体；当经济出现震荡，企业和消费者束手无策，政府就得站出来，通过宏观调控熨平经济波动。正因为如此，所以经济学家通常把政府理财称为“公共财政”。

常言道，不当家不知柴米贵。一个家庭开门立户过日子，必须精打细算，量入为出。财政包罗万象，关乎芸芸众生，因此更要开源节流，合理收支。从收入看，早期君主王国，政府收入来源有二：一是亲历亲为，做些买卖赚些银两；一是凭借国家权力，从老百姓收入中收取部分税收。现代社会，政府除了提供公共产品外，已经很少涉足生产经营，国家财政经费主要依靠征税，于是税收已经成了国家的“粮仓”，政府的钱袋子。在亚当·斯密那个时代，政府只是个守夜人，故财政支出也仅限于四个方面：国防费、司法经费、公共工程和公共机关的费用。然而，20世纪30年代的大萧条却改变了财政的角色。财政不再是单纯地维持政府运转，还担负起了配置资源与再次分配的重任，成了稳定经济的重要力量。

财政作为调节经济的杠杆，虽然历史不长，但却屡立奇功。20 世纪 30 年代，面对人类历史上从没有过的经济大萧条，美国总统罗斯福采取断然措施，实施“新政”。拿出 132 亿美元实施以工代赈，为数百万失业者提供临时工作；耗资 65 亿美元兴办公共工程，由私人承包，刺激社会投资。利用这种扩张性的财政政策，加大公共部门的经济活动，弥补民间投资的不足，同时通过重建金融，硬是将美国经济从崩溃的边缘拉了回来。20 世纪 60 年代和 80 年代，美国又分别实施了肯尼迪的“减税计划”和里根的“经济复兴税法”，大幅度减税，将走向衰退的经济拉成了一条上滑线。如今，美国的财政支出已经占到了 GDP 的 1/3 以上，正由于政府握有大量的资源，所以才显得财大气粗，牛气冲天。

1998 年，在亚洲金融危机和长江特大洪水的双重打压下，中国经济增速明显放慢，物价持续下跌，需求严重不足。中国政府审时度势，第一次使用了积极的财政政策。从 1998 年到 2002 年，中国政府发行了 6600 亿元长期建设国债，带动银行贷款和其他社会资金形成 3.28 万亿元的投资规模。在扩大政府投入的同时，调整税率和税种，加大出口退税力度，暂停征收固定资产投资方向税，刺激内需和出口。积极的财政政策旗开得胜：1998年至2002年的5年间，按可比价格计算，GDP平均每年增长7.7%，由国债投入拉动的GDP增长每年达到1—2个百分点。积极的财政政策不仅保持了中国经济的健康发展，而且办成了不少多年想办而没办成的大事。

中国古代哲学家老子曾说：治大国如烹小鲜。对当代政治家而言，只有财税理论烂熟于心，运用财政政策收放自如，才能经邦济世，举重若轻。由此看来，财政活动绝非简单的收入支出，它牵动民生，关系国运。税种设计、税率调整、国债资金投放，不仅影响财政收入多寡、预算是否平衡；更重要的是，这些宏观财政决策给市场主体发出了强有力的信号，能够引导资源合理流动，促进产业结构升级、调整。除此之外，超额累进的所得税、遗产税，以及财政转移支付等，有利于调节收入，缩小贫富差距，体现社会公平。还有，寒者得衣，饥者得食，老有所养，病有所医也是政府责无旁贷的义务，政府惟有不负重托，才能彰显财政心系天下的宗旨，让千百年来人们憧憬的梦想，真正变为美好的现实。

王东京

2003．5．30

财政制度

国家预算举足轻重

“零基预算”革故鼎新

财政体制几经变革

国资管理日臻完善

财政监督防微杜渐

国家预算举足轻重

● 聪明人居家过日子，往往精打细算，岁末月初，总要对每年、每月的开销大体做个估算。普通家庭尚且如此，一个主权国家，治下亿万民众，收支大进大出，政府预算更来不得半点含糊。

初看起来，国家预算与皮包似乎风马牛不相及。但我们说国家预算起源于皮包，却是千真万确、有据可查的：17 世纪的英国，定期组织召开财政会议，审批财政法案，财政大臣们带着装满账目的皮包，到议会出席听证，久而久之，“皮包”就有了政府收支计划（budget）的寓意，那个时候，人们说起“皮包”也就很容易联想到政府预算。

聪明人居家过日子，往往精打细算，岁末月初，总要对每年、每月的开销大体做个估算。随着理财观念深入人心，很多小两口打结婚那天起就开始对将来的幸福生活做出总体安排：比如，花多少钱购车，送子女读什么档次的学校，给双方老人多少赡养费等等。

普通家庭尚且如此，一个主权国家，治下亿万民众，收支大进大出，政府预算更来不得半点含糊。与其他预算相比，国家预算最为正规，要通过严格的程序，经立法机构通过，并正式予以公布。国家预算以法律面目一经制定，便不能随意更改，没有特殊原因还必须不折不扣地执行。在我国，每年 3 月份政府做出预算方案，经人大讨论通过予以实施。预算按照年度编制。一般来说，预算年度为一年，各国国情不同，其预算年度也不相同。比较常用的有两类，第一类就是历年制，即从当年的 1 月 1 日到 12 月 31 日。采用历年制的国家很多，我国也是其中一员。另一类是跨年制，顾名思义就是跨越两个年度。比较典型的是英国，其财政年度始于当年的 4 月 1 日，止于次年的 3 月 31 日。

多数国家的政府分为两级：中央政府和地方政府。国家预算作为政府基本财政收支计划就与此对应，分为中央预算和地方预算。原则上，一级政府对应一级预算，因此，在现代社会大多数国家都实行多级预算。我国的预算体系也是如此，由中央和地方两级预算组成。中央政府预算也就是常说的中央预算，它经法定程序批准，是中央政府的财政收支计划。地方预算按照行政区划再分为各省预算、各自治区预算、各直辖市预算等。地方各级总预算有两个组成部分，其一是本级政府预算，其二是汇总的下一级预算。举个例子，天津市作为四大直辖市之一，它的内部既设区，如河西区、南开区等；又设置县，如蓟县等。那么天津市的预算就应该涵盖天津市本级预算、市辖区预算、县总预算三级。依此类推，县下设乡，县的总预算，就又细分为县级预算和乡镇预算。需要指出的是，在我国，各地乡镇发展水平不一，部分乡镇经济发展水平低，财政收支金额较小，内部机构设置也不完善，不具备建立独立预算的条件。对于这些乡镇，经省、自治区、直辖市政府确定可暂时不设预算。

不管哪一级预算，它们的出台都不是随随便便拍脑袋拍出来的。制定预算必须严谨细致、科学合理。自打有了国家预算，各国就在实践中不断加以完善。在过去的300多年中为世界各国普遍接受的预算原则渐渐浮出水面。归纳起来共有五条，分别是公开性、可靠性、完整性、统一性、年度性。公平公开公正是如今的热门词汇，预算的公开性正是适应了形势的发展需要。我们知道，政府预算与家庭预算不同，它是以法律形式确定下来，各级政府、机关单位都要依此行事。说起来，政府无非是受众人所托，为公众谋事。那么关系到全体公民利益的国家预算也应该公之于众，打开天窗说亮话，让老百姓都有知情权、监督权。至于可靠性，当然也是必不可少。倘若预算水分很大，随意估算，就背离了预算设立的初衷。完整性也是预算的题中应有之意。如果像一些单位账外做账，私设小金库一样，把国家预算做成两套，一套公布，一套暗箱操作，那么预算也就欺世盗名，无以取信于众。即便是法律允许的预算外收支，在制定预算时也要反映出来。所谓统一性是指预算科目统一、口径统一、程序计算统一、数据填列也要统一。这就好比进行游泳比赛，要设置一些规定动作，如仰泳、蝶泳等，如果大家动作不一，本来是仰游比赛，有的运动员一下水却改成了蛙游，那样的成绩显然不合规定，必须加以取缔。预算编制原则的最后一条是年度性。它包括两层含义，一是指预算必须全面反映该年度的财政收支，另一层含义是编制在预算中的内容只能是本年度的，决不能眉毛胡子一把抓，把其他年度的收支混到了本年度。

各国的预算虽不是千人千面，却也有些差别。截至目前，总共有 4 种预算类别，即单式预算、复式预算、零基预算和绩效预算。直观地看，单式预算与复式预算的主要区别在于表格的数量。前者只有一个统计的计划表格，而后者则有两个或两个以上的表格。单式预算，简单明了，一目了然，一张表内收入支出尽收，整体性很强，但由于不按经济性质分列，分析起来就会感觉很棘手。复式预算弥补了这一缺陷，它按照经济性质将全部收支细分为两个或若干个预算，如经常性预算和资本预算。经常性预算也叫经费预算，它的收入来源于税收和其他经常性收入，支出也用于经常性开支。而资本预算也称建设性预算，其收入来源为国债和经费预算结余，其支出主要为经济建设。复式预算数据罗列清楚，对政府宏观决策大有裨益。当然，复式预算制定起来要费时费力，操作的难度也相对较大。绩效预算也被称为业绩预算或行动预算，其做法是，首先按照政府职能分类，之后分别进行成本收益分析，最终敲定预算方案。这种方式对于提高资金使用效率，会事半功倍，但它与复式预算类似，操作难度也很大。除了上述 3 种预算外，零基预算作为新生事物已有后来者居上之势。

“零基预算”革故鼎新

● 所谓零基预算就是指在编制预算时，一切从零开始，该花多少钱，钱用在哪些方面，与上个预算年度无关。也就是说不看过去只看未来，以确保好钢用在刀刃上。

世人对零基预算功过得失的评说从其诞生之日起就褒贬不一，毁誉参半。有人说它只不过是兜售现代江湖骗术的“狗皮膏药”，也有人把它誉奉为包医百病的“灵丹妙药”。零基预算到底为何“物”，能博得人们如此关注并引来反差至极的争论？

其实，零基预算不过是各种预算编制方法大家庭中的普通一员，它起源于美国，理论上最早可追溯到1952年。当时，人们在编制下一年度的计划或预算时，通常是把上年的执行结果作为基数，但他们也发现，这样做不一定合理。比如政府官员编制预算，若以上年实际收支为基数再考虑新的年度可能发生的变化，也就是用基数法编制预算，就会发现有些项目已时过境迁，结束多时，但财政经费每年照拨不误；有些项目执行一段时间后，基础打好了，工程量变小了，不再需要花那么多钱，但资金安排依然如故；与此同时，一些新的重要的项目却因财力不足无法启动。有个实例，上个世纪 20 年代，比利时政府曾经设立了一个“橡树项目”，政府每年拿出一笔款项以帮助从国外引进橡树。由于每年的预算都是以上年为基础，因此“橡树项目”的资金每年都有安排。直到 90 年代，人们蓦然回首才惊奇地发现“橡树项目”早已在几十年前结束。这个例子可能过于典型，但却告诉我们一个道理：如果以上年执行数目作为制订下一年度计划和预算的基础，长年累月，必定会出现计划与现实相脱节，甚至完全背离的结果。不仅如此，使用基数法编制预算还会导致各预算单位饥饱不匀、苦乐不均。因为一个预算单位一旦在争基数上做好了文章，获得了主动，用钱就有了保障，就可“旱涝保收”，从此高枕无忧。倘若预算单位本身没有特殊的权力去左右决策部门，而预算单位的头儿又非八面玲珑的人物，在争基数上就很可能处于不利地位，将来的发展不用说，恐怕吃饭的钱也会出现等米下锅的窘境。既然基数如此举足轻重，干系甚大，因而人们势必为基数而战。“会哭的孩子吃奶多”，争基数、保基数便成了各预算单位的头等大事。因为不是以项目本身的重要性而是以争的能力大小去确定基数，资金的分配就未必能做到合理，资金的使用必定缺乏效率。人们感觉到了这种做法的种种弊端，正是在这样的背景下，开始了驱弊求利的探索，零基预算应运而生了。1977年当吉米·卡特登上美国第39届总统宝座时，零基预算堂而皇之地进入了总统预算办公室并从此在一些国家流行开来。

所谓零基预算就是指在编制预算时，一切从零开始，该花多少钱，钱用在哪些方面，与上个预算年度无关。也就是说不看过去只看未来，看新的预算年度有多少事情要做。然后，对这些事情不管新旧统统重新进行评估，在编制预算时决策者们依据事情的轻重缓急统筹考虑，决定哪些是重点扶持的，非花钱不可；哪些可办可不办，依财力而定；哪些关系不大，应予以取消，以达到好钢用在刀刃上，有限的财政资金获得最佳效益的目的。

编制零基预算一般有三步程序，首先是确定决策单位。这里讲的决策单位与我们所熟悉的预算单位有相似之处，如对省、市、县的总预算其决策单位就是其各个局、处，因此，有些地方编制零基预算就是直接将原来的预算单位转为决策单位，不再重新划分。但对某一个具体的职能部门而言，决策单位与预算单位又有不同。如城市交通管理局，假定它有两项职能：交通管理，预防性巡逻，则把这两项活动确定为两个决策单位，也就是将原来的预算单位一分为二。可见，决策单位中的“单位”并不等同于日常生活意义上的单位，说白了，它指的就是需要钱的地方、部门、项目、活动等。决策单位到底如何确定，零基预算的设计者并没有作出硬性的规定，关键是看在哪一层次上编制预算。决策单位确定后，接下来是制定一揽子决策。什么是一揽子决策呢？俗话说，条条大路通罗马，做任何事情总会有几套方案，每套方案花的钱不同，给人的满足程度也会不一样。如果我们列出了某套方案所需的资金以及所能达到的效果，便可称其为一项一揽子决策。因此，制定一揽子决策就是提供可选择的方案。比如，某地要修建一座公路大桥，现有三套方案：修一座两车道大桥需要资金 8 个亿，与目前的轮渡相比，车辆运行速度大大加快，但高峰时期会塞车；修一座四车道大桥需要追加资金 4 个亿，能保证车辆畅通无阻；修一座六车道大桥需要再次追加资金 3 个亿，不仅能确保目前车流量情况下的快捷运行，而且能满足将来车流量增加一倍的需要。项目负责人把三套方案按上述档次由低到高的顺序开列出一张清单，然后呈报给决策部门。大桥是否修建，按哪套方案实施，则要由第三步程序——“排序”来决定。排序既要求决策者对呈报上来的所有方案分出轻重缓急排出顺序，又要根据预计支出水平确定哪些方案能分配到资金。例如，现在摆在决策者面前的有修筑防洪大堤、修建长江公路大桥方案，防洪大堤，人命关天，理所当然排在排序表的前列，修桥工程则应排在后面。假若修堤需要资金10亿元，整个预算资金22亿，决策者就会在修四车道大桥和六车道大桥中间画一条线，线上方案能获得资金，线下的则无钱可用。由于这条线决定资金的分配、方案的取舍，因此也叫“生死线”。决定生死线的预计支出水平由预算年度可能获得的收入确定，这一水平也许与上年持平，也许低于或高于上年，从而避免了基数法无论丰年歉年预算支出只涨不跌的尴尬。当然，零基预算也并非完美无缺，与基数法相比较，零基预算的编制十分复杂，需要耗费大量的人力，同时要求决策者面对浩如烟海的方案能慧眼识珠，准确排序，这给零基预算的推广带来了一定的困难。

财政体制几经变革

● 分税制的核心框架有两个：一是分税、分征、分管；二是实行规范化的中央政府对地方政府的转移支付制度。其中分税就是按税种划分各级财政收入，这一过程等于切蛋糕，涉及方方面面的利益，最为关键。

在过去的几十年里，我国的财政体制可说是几度风雨，几经变迁。“文革”结束，中国大地留下的是满目疮痍：生产大幅下降，商品奇缺，财政经济濒于崩溃。百废待兴，百业待举，在这万千头绪中，政府首要的任务是如何充分发挥中央和地方两个积极性，迅速发展生产，壮大财政经济，改善人民生活。在这样的背景下，“分灶吃饭”的财政体制于 1980 年经济体制改革的紧锣密鼓声中应运而生。

所谓“分灶吃饭”是一种形象的说法，顾名思义，就是大家不再围着一口灶吃大锅饭，而是分开锅灶，各自拥有独立的利益，谁产的粮多，下的米多，谁就能吃上饱饭，否则，就只有勒紧裤带的份。这种体制妙处在于能够激励大家使出浑身解数，努力扩大生产，增加财政收入。用规范的语言描述，“分灶吃饭”就是一种“划分收支，分级包干”的财政体制，其核心是“包干”，“包干”的前提是划清中央和地方的财政收支范围。按照当时的经济管理体制，整个财政收入分为四个部分：中央财政的固定收入包括中央所属企业的收入、关税收入和中央其他收入；地方所属企业的收入、盐税、农牧业税、工商所得税、地方税和其他地方收入，为地方财政的固定收入；经国务院批准，上划给中央部门直接管理的企业，其收入作为固定比例分成，收入 80% 归中央，20% 归地方；工商税作为中央和地方的调剂收入。收入分灶后，支出也要明确划分。中央的基本建设投资、中央企业的流动资金、国防战备费、对外援助、中央级的事业费和行政管理费等由中央财政支出。地方支出的范围包括地方的基本建设投资、地方企业的流动资金、支援农业支出、地方各项事业费、抚恤和社会救济及地方行政管理费等。明确收支范围后，核心的任务就是确定包干基数。凡是地方收入大于支出的地区按比例上缴；支出大于收入的地区从工商税中按比例留给地方，收入仍然小于支出的不足部分由中央财政给予定额补助。

1980—1993 年的 14 年间，尽管财政体制在不同地区、不同年限作过部分调整，但实质未变，仍然属于“分灶吃饭”的各种包干制。这种体制通过巨大的利益驱动，在充分调动地方积极性、促进地方经济发展，特别是使地方财政向一级独立的财政转化方面，的确功不可没。然而“分灶吃饭”扮演的毕竟只是过渡性角色，因为它有一些与生俱来的顽疾。既然收入划分的依据是行政隶属关系，地方政府出于为自己扒堆的缘故，势必来个“两手抓”：一手抓税高利大的地方企业，一手抓市场封锁。大家心有灵犀，彼此心照不宣，纷纷出此绝招，比拼的结果自然是地区分割、重复建设，至于资源的有效配制早已抛到九霄云外。确保了自己这一堆，还要想办法挖中央一块。中央收入不是要靠地方上解决吗，那好，牛鼻子由我地方政府牵着，我可以对体制内分成收入的征收消极怠工，在体制外收入上多下功夫，大做文章，搞财政资金体外循环。中央财政要么不知，要么是心知肚明口难开，这里存在着一个“信息不对称”的问题。此外，地方还可以找中央软蹭硬磨，讨价还价，来个“一年之计在于争”，纷纷“跑部钱进”。只要有利可图便会奇招迭出。几招下来，中央财政弄得很是被动。仅以中央财政收入占全国财政收入的比重为例，14 年来江河日下，到 1993 年只有 22%左右，与发达国家 50%、70%的比例相差甚远。俗话说，人穷志短。中央财政手中拮据，囊中羞涩，想利用财政政策调节宏观经济也只能是心有余而力不足，结果，中央财政只得伸手向地方求援，让地方多做贡献以解一些燃眉之急，窘境万分。“分灶吃饭”还有一大弊端，就是收支的确定用的是传统的基数法，就是说上缴或补助的数额是以上一年或上几年的收支决算数为依据确定的，因而，势必造成地区之间苦乐不均、鞭打快牛的结局。

国家财政要充分发挥当家理财的职能，路在何方?今天，财政体制的选择不仅要有利于壮大国家的财力，更要有利于国家对宏观经济的调控，因为财政政策已经成为现代国家调控经济的最主要法宝。我国已经确立了社会主义市场经济体制的目标，并在逐步建立和完善，作为经济体制的重要组成部分，财政体制也必须进一步改革。1994 年，“分灶吃饭”完成了它的历史使命退出了历史舞台，国家正式实行了分税制的财政体制。所谓分税制，简单地说就是按税种划分中央和地方税收收入的一种财政体制。分税制的核心框架有两个：一是分税、分征、分管；二是实行规范化的中央政府对地方政府的转移支付制度。其中分税就是按税种划分各级财政收入，这一过程等于切蛋糕，涉及方方面面的利益，最为关键。国际上分税有完全和不完全两种形式：完全形式就是将蛋糕分为两块，一块归中央，一块归地方；不完全形式就是将蛋糕一切为三，一块为中央所有，一块为地方所得，还有一块双方共享。目前我国采用的是第二种形式，即把税种划分为中央税、地方税、中央地方共享税。关税、消费税等为中央税，这些税税基大、税源广，能够确保中央财政收入的稳定增长，同时也有利于维护国家权益，调节宏观经济。增值税、企业所得税、资源税、证券交易税等为共享税，它们与经济发展直接相关。其他为地方税。“分灶吃饭”时中央财政收入依赖地方上缴，分税制为了解决这一问题，分设了国家税务局和地方税务局两套机构分别征管。国家税务局负责征收中央税和共享税，地方税务局负责征收地方税，这样把主动权掌握在中央财政手里，可以保证税基不受侵蚀，抑制住了中央财政比重下滑的势头。分税分征，效果立竿见影。几年下来中央财政收入年增长从过去总是徘徊在 200—300 亿元一下子猛升到 1000 亿元左右，中央财政收入占全国财政收入的比重也上升到 50%以上。同时，增值税的大部分和消费税划为中央财政收入在一定程度上也纠正了地方政府盲目投资、重复建设的问题，优化了结构，提高了资源配置的效率。为了减缓改革对各利益主体带来的冲击，调节地区间的财力分配，既鼓励先进又扶持欠发达地区，分税制还设计了规范化的中央政府对地方政府的转移支付制度。中央财政对地方财政返还的数额以 1993 年为基期核定，按照1993年地方实际收入，以及税制改革后中央和地方收入划分情况，核定1993年中央从地方净上划的收入数额。计算公式为：净上划收入=消费税-75%的增值税-中央下划收入。“中央下划收入”是指原体制归中央或中央有分成，实现分税制后下划给地方的那部分收入。1993年中央净上划收入全额返还地方，1994年以后税收返还额在1993年基数上实行递增返还方法，递增率按各地区增值税和消费税的平均增长率的1:0.3确定，即上述两税平均增长1%，中央财政对地方的税收返还增长0.3%。现行分税制由于还含有一些过渡性的因素，随着市场经济体制的日臻完善仍有待进一步规范。

国资管理日臻完善

● 原来的国有资产的管理模式，由政府的五个部门参与，各侧重一摊，被喻为“五龙治水”。这种模式最致命的缺陷是平时人人都说了算，可关键时刻却没人负责。为此，党的十六大提出：要充分发挥中央和地方两个积极性，把管资产和管人、管事结合起来。

《笑林广记》中有一则故事：一位生性吝啬的土财主，临终前已口不能言，但还是伸出两根手指头，似乎有什么事情没办好，到死也不放心。儿子左右询问，一直不解其意。最后，看到家里点的油灯烧着两根灯芯，心里顿时明白，原来老爷子是在心疼灯油钱。待儿子把一根灯芯挑掉，老财主才满意地点点头，然后撒手西归。这个笑话所讲的是一个爱财如命的极端例子。不过，现实生活中多数人对辛苦积攒的钱财不会大手大脚，随意挥霍，而是想尽法子，使其越变越多。人同此心，心同此理，国有资产乃全民共有，政府作为全民的代表，对其也应倍加珍惜，不仅要确保资产不流失，还要千方百计地使资产增值。

狭义的国有资产专指经营性国有资产。比如国有企业、国有商店等，它们从事生产、流通、经营等服务活动，参与市场竞争，以营利为目的。经营性国有资产由国家投资兴办，国家享有所有者权益。既有权决定重要的人事任免，又可以决定企业的重大事项，而且企业所得，既要上税，还要按规定的比例，向国库上缴利润。在财政收入中，一个重要组成部分就是国有资产经营收益。据统计，目前国家财政收入有60%以上来源于国有企业。同时，国有企业还吸纳了近70%的城镇就业人员。与狭义概念相比，广义的国有资产要宽泛得多。它指一切属于国家所有的财产和财产权利。除了经营性国有资产外，广义的国有资产还包括行政事业性国有资产、资源性国有资产等等。前者指的是行政事业单位的资产，例如国家给予的拨款、接受的馈赠等，这项资产配置于社会的非生产领域，不以营利为目的，主要由财政划拨，所在单位在使用期间无须偿还。对于后者，有人会误解为自然资源。其实二者有着明显的区别：只有经开发使用的自然资源能够带来一定经济价值时才被称为资源性国有资产。例如，可以用来作为耕地的土地，就是资源性国有资产；再比如，我国目前已开发出的168种矿产资源也属于资源性国有资产。至于空气、风雨雷电等自然资源，由于不能开发利用，也不能带来可估算的经济价值，就不在资源性国有资产之列。

经过建国五十多年的苦心经营，我们的国有资产总量可以称得上家大业大。有资料显示，截至到2001年底，国有资产净值为109316.4亿元，其中，经营性国有资产为73149.3亿元，非经营性国有资产为36167.1亿元。如此大的盘子，没有周全的办法，难免跑冒滴漏，水滴石穿，造成国有资产的大量流失。对国有资产进行管理与我们一般印象中的资产管理可是大不一样。企业的仓库管理员定期把库存物品加以清点，必要时将闲置设备上上机油，然后大门一锁，也就万事大吉。这里所说的国有资产管理不是静态的，而是动态的，它的管理也要复杂得多。

原来的国有资产的管理模式，由政府的五个部门参与，各侧重一摊，被喻为“五龙治水”。具体地说，计委负责立项，日常运营由经贸委牵头，劳动、工资等，由劳动与社会保障部门负责，财政部主抓资产登记和处置，经营者的任免，则由组织人事部门、企业工委说了算。层层把关，处处布阵，从理论上讲，似乎天衣无缝，万无一失。如果说“五龙治水”模式毫无效果也不免有些冤枉，可事实证明，这种管理方式远没有实现预期设想。以国有企业为例，五个衙门口，或者管人、或者管事、或者管财产，都对企业发号施令，就好像五个婆婆，企业像是个被呼来喝去的媳妇，低眉顺眼，哪个婆婆也开罪不起。

当然，如果各部门思路一致，劲儿往一块儿使，尽管管理严厉些，但对企业还是利远大于弊。但实际上，各部门都有自己的想法和利益，常常合力不成，反倒互相掣肘。这种模式最致命的缺陷是平时人人都说了算，可关键时刻却没人负责，假如企业出现问题，追究起责任来，各部门又会互相推诿，像对待“非典”一样，避之惟恐不及。国有企业历经改革机制仍不健全，活力不足，企业负债率居高不下，资产流失严重等等，这些问题的出现固然有各种复杂的原因，但与这种多头管理、分而治之、权责不明的管理模式有着莫大的干系。

亡羊补牢，为时未晚。十六大对国有资产管理体制重新做出了设计，一是“在坚持国家所有的前提下，充分发挥中央和地方两个积极性”；二是强调要把管资产和管人、管事相结合。这里，先说说“一个前提、两个积极性”。过去我们采取的办法是由国务院代表国家行使所有者职能。财政部公布数字显示，2000 年我国经营性国有资产总量，全国合计68612.6亿元，这其中，中央为 40768.5 亿元，地方为 27844.1 亿元。在国有资产总量中，地方资产占到 40.6%，不可谓不高。

改革后，中央地方两级政府各尽其力，可以发挥两级政府的积极性，改变过去中央政府管得过多，萝卜多了不洗泥的问题。

至于管资产和管人、管事相结合，是对过去分头治理的弊端开出的一剂猛药。这意味着把资产权、用人权、管事权，统统交付一个部门，既赋予你充分的权利，也压上同等重要的担子。倘若国有资产流失严重，那么不由分说，打这个部门的板子，想再找替罪羊是万万不可能了。这就使新的国有资产管理部门，既大权在握，能够令行禁止；又要战战兢兢，如履薄冰，惟有谨慎行事。在 2003 年的国务院机构改革中，国务院国有资产监督管理委员会（简称国资委）正式挂牌。它整合了原国家经贸委、中央企业工委、财政部等部门管理国有资产的职能，代表国家履行出资者职责。国资委的监管范围限定在中央所属企业（金融类企业除外）的国有资产。至于地方所属企业的国有资产，由各省、市（地）两级地方政府国有资产管理机构负责监督。

当然，任何事情都不可能十全十美，新事物更是如此。在国有资产管理上，我们的新举措是否能够如人所愿，需要实践这块试金石去做最终的评判。或许，国有资产的管理模式还会进一步改革，但不管怎样，我们相信，只要本着对国有资产负责的态度，求真务实，扬长避短，国有资产管理体制一定会变得更加科学，更加完善。

财政监督防微杜渐

● 西方有一句名言：权力导致腐败，绝对权力绝对导致腐败。正因为财政部门权倾朝野，财政工作举足轻重，所以，尽管各国社会制度不同，政权组织各异，但对财政的监督却都是从严要求，不敢放松。

自然界有一种生物叫做马蝇，它喜欢叮在马身上以摄取马血为生。马被其叮咬之后，痛痒难忍，便会用尾巴驱赶。若是拂之不去，马就会发足狂奔，企图将其甩掉。结果，那些被马蝇叮过的马不仅没有血尽身亡，反而由于不停运动，生命力更加旺盛。正是借鉴了这一自然现象，有人将财政监督戏称为“马蝇效应”。

不论在哪个国家，财政部门都是地位显赫，无出其右。在政府机构中，财政部门就像“大内总管”，国库是亏是盈，家底是多是少，钱都花到哪些地方，尽在他的掌握之中。在下一级眼里，财政部门又被奉为

"财神爷"，只要他大笔一挥，亿万资金顷刻到账，手轻轻一抬，又能免去数额可观的税费。西方有一句名言：权力导致腐败，绝对权力绝对导致腐败。正因为财政部门权倾朝野，财政工作举足轻重，所以，尽管各国社会制度不同，政权组织各异，但对财政的监督却都是从严要求，不敢放松。

财政监督从上至下，可分为很多层面。最高层次的监督当属预算监督。这有点像《红楼梦》里写的王熙凤负责荣国府所有人的吃穿用度，但总的开销账目、每年的结余亏空，都得据实向贾母请示汇报。在美国，监督联邦政府财政预算的是国会参、众两院。两院都设了预算委员会、拨款委员会，参议院还设了财政委员会，众议院设了筹款委员会，另外，还有一些助理机构，如国会预算局、审计总署等。这些机构，有的负责审议总统的预算报告，有的负责制定拨款法案，有的对各级财政部门执行预算情况，进行全面的监督。在我国，各级人大都设有专门的委员会负责预算审定、变更，以及执行情况的督察等。每年的人代会上，财政部门都要做预算执行情况报告，接受人大代表的监督。

财政工作千头万绪，监督也得条分缕析，分门别类。除了预算监督外，财政监督还可分为三大块：税收征管与解缴、财务会计、国有资本金基础管理。为了确保监督到位，严防缺失，我国的财政监督分成了三条线。第一条线，由财政部一竿子捅到底，在各地派驻中央财政监察专员办事处，其业务、经费、人事等都由财政部垂直管理。这很有点儿古代钦差大臣的味道，手持尚方宝剑，明察暗访，铁面无私，处理问题毫不手软。第二条线是各级财政部门对下级财政机关财政监督工作，实行业务指导。第三条线，是在各级财政机关内部设立专门的财政监督机构，他们专干一件事，就是搞好财政检查，其工作对本级财政负责。也就是说，如果哪一级财政出了问题，先拿内设的财政监督机构是问。

实际工作中，财政监督检查有三种方式：日常监督检查、专项监督检查、全国财税大检查。说到日常监督检查，使我想起了一则故事：古代一位财政官员到金库去，发现守库的职员举止紧张，便上前搜身盘查，最后，从他的辫子里搜出一文铜钱，官员便要将他砍头。很多人为此抱冤，认为判罚太重。官员说，罪犯在案发前已经任职多年，“一日一钱，千日千钱，绳锯木断，水滴石穿”。如果我早来此检查，其罪尚不足以致死，但现在日积月累，小错成大罪，性命已经无法保住。我们现在的日常财政监督检查，天天抓，月月抓，年年抓，对预算执行情况、财政资金使用情况等逐个单位、逐个环节进行细查。这样做的目的还是要防微杜渐，以免千里之堤，溃于蚁穴。

财政专项监督检查是日常监督检查的补充，顾名思义，其重点便在于“专项”。如果把日常财政监督检查工作比作一个人伸开五指，去梳理日常财政执行情况，那么，专项监督检查则像是攥起拳头，朝一个方向使力。它主要针对监督“断层”和“真空”，有的放矢，实施检查。例如，我国在1995年曾经开展过“小金库”的清理。结果，不查不知道，一查吓一跳。当年就查出40亿元“小金库”资金，就连决策者也始料未及。再比如，1996年和1997年重点清查预算外资金，仅1996年就清查出3474个越权设立的基金、附加和收费项目，查处违规款项345亿元；1997年监督检查的深入更使应缴财政预算资金入库率达到50%，应缴财政专户入库率达到78%。

财政监督检查的第三种方式是全国财税大检查，始于1985年。当时时值改革开放初期，各项监督制度尚不健全。在当时的情况下，要想扭转财经秩序，单靠财政一家的力量，显然无法做到。于是，中央政府下定决心，采取大兵团作战的方法，将财政、税务、审计、物价等部门统一组织起来开展集体行动，全国财税大检查一搞就是13年。客观地评价，这种方式参与单位多，检查范围广，力度大，收效也十分明显。截至到1997年底，共查处违纪资金2044亿元，上缴财政资金为1331亿元。但是，月盈则亏，力久则尽。组织全国性的财税大检查要调动成千上万的精兵强将，兴师动众，耗时费力，对日常的工作难免会带来影响。最重要的是通过十多年的整顿，全国的财经秩序已经大大好转，在财政、审计、税务等方面相应的制度也初步完善，全国财税大检查也完成了历史使命，由财政日常监督、稽查特派员监督检查取而代之。

财政监督体制并非一朝建立就可一劳永逸。如今，财政管理由直接转向间接、从微观转向宏观。财政监督也不能因循守旧，必须与财政管理的变化相适应。例如中央向地方派驻稽查特派员就是借鉴国外经验建立起来的新制度。在完善财政监督检查机制方面，我们还要博采众长，引进、消化、吸收。比如法国设立公共会计、财政监督专员、财政监察总署等专门机构实施预算收支全过程监督检查；西班牙财政部下设国家行政预算监督总署，派驻全国进行监督管理等等。随着经济社会的发展以及公共财政职能的延伸，如何把财政监督做得更好，以加强宏观调控，维护财税秩序，规范分配行为，有效防止腐败，这些课题都需要进一步研究。

既是监督检查，就带有明显的行政监察特点。为了使行政工作法制化，近年来，有关部门下大力气，在财政监督法制化方面做了大量工作。在我国，财政监督并不是单独立法，而是作为财政监督条款分散到相关法律中，如《预算法》、《公司法》、《国家金库条例》、《会计法》、《注册会计师法》等。这些监督检查条款出台时间不一，参与制定的部门众多，涉及财政监督的方方面面。入世以后，对有关法律法规重新进行梳理，并结合政府机构改革重新进行审定也是一项非常迫切的任务。

财政职能

财政政策瑕瑜互见

国债发行的四种方式

财政赤字应调控有度

财政乘数四两拨千斤

审慎防范外债风险

市场失灵与政府干预

财政政策瑕瑜互见

● 任何一种财政政策，都不可能完美无缺。平衡预算的财政政策，救不了大危机；福利国家的财政无法跳出税收、支出交替上升的怪圈；凯恩斯学派的补偿性财政也在风光了几十年后给西方经济带来了“滞胀”，并且至今没有找到根本解决这一问题的办法。

不同时代的经济学家对政府职能做过不同的定位：古典经济学大师亚当·斯密认为，政府就是个“守夜人”。但到了凯恩斯时代，政府的责任变大了，看门的老头变成了居委会的老太太，不仅要协助民警搞治安，遇上邻里纠纷、婆媳吵架，还得出面调解，或者替生活特别困难的家庭争取点救济。后来，福利国家兴起，政府从摇篮到坟墓，社会生活的各个方面，它都要管一管。这个时候的政府更像一个家庭保姆，事无巨细，都得操心。俗话说，没有金刚钻，揽不了瓷器活。政府要履行好职能，必须借助一定的财政手段，由于职能定位不同，实行的财政政策也就大相径庭。

资本主义初期，经济发展的道路上充满阳光。在这条金光大道上，凭借着经济主体的自由竞争，能够实现资源的合理流动，达到供求基本平衡。因此，当时的古典经济学家，如威廉·配第和亚当·斯密，他们都认为，政府的职责只是在生产之外，财政活动也仅仅局限于维持政府运转，是社会财富的一种纯消费。因此，他们主张，政府花起钱来不能大手大脚而要锱铢必较，对财政支出要有严格的限制，这种认识在经济学上被称为“廉价政府”。此外，他们还认为，只有平衡的预算才是稳健的财政，才有利于市场经济的均衡发展。因为，赤字预算使政府公共活动扩大，会导致私人经济部门相对萎缩并引起通货膨胀。为此他们主张，一方面要减少政府开支，另一方面要尽可能地减少税收，使每年的预算都保持平衡，收支大致相抵，不能入不敷出。古典经济学所主张的这一套政府理财方针被称作“健全财政原则”。

1929—1933年，西方世界爆发了空前的经济大危机。在这场大危机中，成千上万的企业倒闭，千百万人被抛上街头，萧条的阴影久久不能散去。对此，传统的经济学家目瞪口呆，拿不出解决的办法，坚持平衡预算的各国政府也束手无策，不知如何是好。1936年，凯恩斯出版《就业、利息和货币通论》，建立了以需求管理为中心的宏观经济学，主张政府应当摒弃平衡预算的束缚，大胆实行赤字财政。凯恩斯认为，对30年代的大危机，平衡预算的财政政策不仅没有发挥正面作用，反而推波助澜，使危机雪上加霜。当经济出现衰退时，税收必然会因收入下降而减少，此时政府仍坚持预算平衡，势必要提高税收，或者减少政府支出，税收增加，人们的可支配收入少了，支出自然减少，此时政府支出也降低，那么整个社会的总支出进一步下降，就会加深经济衰退。反之，当存在通货膨胀时，税收会因收入上升而上升，为保持预算平衡，政府只能减少税收，或者增加支出，前者使人们的可支配收入增加，支出相应扩大，再加上政府开支增加，于是社会总支出进一步扩大，通货膨胀不断加剧。从以上分析来看，追求年度预算平衡的财政政策是导致经济波动的元凶之一。凯恩斯提出，大危机暴露出资本主义经济的一个常态，那就是有效需求不足。也就是说，人们的消费需求和企业的投资需求不能自发地达到经济平衡增长所必需的水平。扩大有效需求，实现充分就业不能靠市场机制本身来实现，而必须扩张政府的财政支出，推行积极的赤字财政政策来弥补私人有效需求的不足，以实现总需求和总供给平衡，使经济在充分就业的水平上均衡增长。

凯恩斯的赤字财政理论在西方世界大行其道，使西方国家不仅渡过了大危机的难关，而且走上了经济发展的快车道，凯恩斯主义也因此得宠，成了西方经济学的主流学派，其追随者又将该理论体系不断发扬光大，美国经济学家汉森便是其中的一名干将。他认为，凯恩斯的赤字财政理论是在大危机的特殊时期产生的，也的确做出了不可估量的贡献。但是，资本主义经济并不是永远处于危机中，而是时而繁荣，时而萧条，因此，财政政策就不能以扩张为基调而应根据经济繁荣与萧条的更替，交替地实行紧缩与扩张的财政政策，在经济学上称之为补偿性财政政策。具体操作起来，要求财政政策相机抉择，逆经济风向行事：在经济萧条时期，实行积极的财政政策，政府要增加开支，降低税率，造成预算赤字，以拉动社会总需求；在经济繁荣时期，政府则要压缩开支，提高税率，造成预算盈余，以减少社会的过度需求。按照这种政策，财政预算无须年年平衡，可以在萧条时期实行赤字预算，繁荣时期实行盈余预算，使经济在大的周期内盈亏相抵，收支基本平衡。

凯恩斯理论诞生以后给西方世界带来了近半个世纪的繁荣。欧美诸国经济实力日增，政府的职能也不断膨胀。尤其是这些国家，在二战以后开始建立“福利国家”，财政政策也围绕这一目标，相应做出了调整。以英国为例，其福利体系包罗万象，面面俱到。

英国公民从呱呱落地起就有儿童福利金在等着他；上学以后，可以拿教育津贴；除几项特殊的医疗服务外，看病几乎不用掏钱；年纪大了，有养老金；失业有失业津贴、社会救济；另外，还有生育补助、住房补贴、困难补助等等，政府对公众的关怀可谓无微不至。中国有一句老话，羊毛出在羊身上。为了建设福利国家，政府职能无限扩大，开支有增无减，要消除高额财政赤字，最终出路只能有一条——增税。英国人在享受前所未有的高福利时也在承受着前所未有的税收负担。1976年的统计数字显示，英国企业的税后利润仅为8.5%，比北美国家低了7个百分点。实行超额累进的个人所得税固然使英国人的收入更加均等化，但那些富有创意的人才、勇于冒险的投资者却大呼吃亏，大量的人才和资金远离英伦，另择良枝。原本一心为民的福利财政却成了鸡肋，弃之不能，食之太累，真是有悖决策者初衷。一味实行福利财政，使政府骑虎难下，步履维艰。

其实，任何一种财政政策都不可能完美无缺。平衡预算的财政政策救不了大危机；福利国家的财政无法跳出税收、支出交替上升的怪圈；凯恩斯学派的补偿性财政也在风光了几十年后给西方经济带来了“滞胀”，失业率与物价同时上涨，经济衰退与通货膨胀同时并存，至今也没有得到根本解决。不管是一种制度还是一种政策，都是时势造就的英雄，当时不乏可圈可点之处，又都给后来者留下了可以完善、改革的余地。经济学家也好，政府决策者也罢，若能从中汲取营养，得到教训，既不断章取义，又不轻率抛弃，兼收并蓄，立足实际，必能使将来的财政政策少一些缺陷，多几分完善。

国债发行的四种方式

● 国债市场分为两个层次，一是国债发行市场，也称一级市场。二是国债流通市场，也称为二级市场。一级市场好比批发市场，二级市场就像零售市场。一级市场是否顺利通畅对国债的发行至关重要。一般说来，国债发行有四种方式。

改革开放以来，人们日子越过越富裕，余钱剩米多了，就会想着去投资，于是有炒股的、做期货的、集邮的、搞艺术品收藏的等等，投资方式五花八门，不一而足。而在诸种投资方式中，国债可说是一枝独秀，备受投资者青睐。在老百姓的心目中，国债是国家发行的，国家财大气粗，政府决不会有借无还。故投资国债不仅风险小，而且收益又比银行储蓄高。正因如此，所以国债被誉为“金边债券”。

私人之间的借债，程序比较简单。往往找一个公证人或担保人，借贷双方立个字据，一手签字盖章，一手交付借款便可告成。国债则复杂得多，它必须通过国债市场才能流入投资者手中。国债市场分为两个层次，一是国债发行市场，也称一级市场。中央财政通过该市场将新发行的国债销售给资金比较雄厚的投资者。与国债发行市场对应的是国债流通市场，也称为二级市场。打个比方，一级市场好比批发市场，二级市场就像零售市场。在二级市场上，那些一级市场的投资者再将手中的国债，转让、出售给更多的中小投资者。由此，我们不难看出，一级市场是否顺利通畅对国债的发行至关重要。

在我国，国债的发行方式几经变迁。上个世纪 80 年代，我们采用行政分配的方式摊派发行国债。到了 90 年代初便改为承购包销，主要用于不可流通的凭证式国债。时至今日，已演变为四种发行方式并存，它们分别是：直接发行、代销发行、承购包销发行、招标拍卖发行。直接发行方式指的是财政部面向全国，直接销售国债。这种发行方式共包含三种情况，一是各级财政部门或代理机构销售国债，单位和个人自行认购。第二种情况也就是 80 年代的摊派方式，带有强制性的认购。第三种是所谓的“私募定向方式”，财政部直接对特定投资者发行国债。例如，对银行、保险公司、养老保险基金等定向发行特种国债、专项国债等。代销发行与直接发行正好相反，财政部委托代销者负责国债的销售。我国曾经在80年代后期和90年代初期运用过这种方式。至于承购包销，顾名思义，就是指大宗机构投资者先承购国债，只有包销出去以后才能获利。倘若销售出了问题，那么售不出的部分只能自己消化。自上世纪90年代中后期，承购包销成为我国国债发行的主要方式。事实上，不仅我国，世界上很多国家，都采用这种方式。

国债发行第四种方式是招标拍卖方式。采取这种方式，国债认购价格或收益率等都不是由政府自己说了算，而是在拍卖场上投标竞价确定。在这里，招标有两种具体方式，竞争性招标和非竞争性招标。前者既然冠名为竞争性，自然就暗含了排他意思，在竞争性招标条件下，投标者把认购价格和数量提交招标人，招标人据此开标。决定中标的依据就是发行价格的高低。投标者认购价格高，招标者受益就大，所以出价高者胜出。而非竞争性招标，乍一看与竞争性招标相似，实则差异巨大。说它们相似，是因为非竞争性招标沿用竞争性招标的方式开标；说它们不同，是指它们结果不同。实行竞争性招标只有出价最高的投资者获得国债发行权。而采取非竞争性招标却类似于吃大锅饭，参加投票的投资者人人有份。

通过非竞争性的方式、招标拍卖方式发行国债，在中标价格确定上，有两种有代表性的招标规则：“荷兰式”招标和“美国式”招标两种。所谓“荷兰式”招标指的是中标价格为单一价格，这个单一价格通常是投标人报出的最低价，所有投资者按照这个价格，分得各自的国债发行份额。而“美国式”招标，中标价格为投标方各自报出的价格。举个例子，在一场招标中，有三个投标人 A、B、C，他们投标价格分别是 85 元、80 元、75 元，那么按照“荷兰式”招标，中标价格为 75 元。倘若按照“美国式”招标，则 A、B、C 三者的中标价分别是 85 元、80 元和 75 元。我国从 1996 年开始将竞争机制引入国债发行，而且从 2003 年起，财政部对国债发行招标规则进行了重大调整，即在原来单一“荷兰式”招标基础上增加“美国式”招标方式，招标的标的确定为三种，依次是利率、利差和价格。

从国债开始发行那刻起它就有章可循。只不过在不同时期，人们对规则的理解各不相同。随着国债在各国的实践，很多旧的原则被大浪淘沙，不再适用。而有些原则却经过反复考验，得到了人们的广泛认可。以景气发行原则为例，它是指发行国债要根据社会经济状况，确保经济的景气，也就是经济的稳定和发展。这就要求国债发行者审时度势，相机抉择。例如，经济萎缩低迷，需要政府投资拉动经济增长时，短期国债就要披挂上阵，身先士卒。此中原因不难理解：短期国债流动性强，能在较短时间内筹集更多的资金，就如冬天里点燃的一堆堆烈火，有助于经济快速回升。相反，经济过热时，长期国债就当仁不让，挺身而出，它的比重增大，无疑将减弱货币的流动性，对于“发烧”的经济，正如夏日里的清凉饮品，消热解渴，静气安神。

俗话说，好借好还，再借不难。人们借钱总是事先掂量清楚，有把握偿还才好意思开口。国家向百姓借钱，发行国债也是一样。在对国债规模的管理上，大多数发达国家采取的是国债余额限额管理，这意味着国会负责审定一段较长时期的国债余额限额，只要不超过限额，国会对国债发行不予干涉，政府在限额内，可以自由行事，自主确定每一年度的发行规模。当然，如果国债余额胆敢跨越雷池一步，超出限额的话，那么国会就出手干预。这很像巡警的风格，假如你在路上遵纪守法，你几乎感觉不到他的存在；但是如果你违反交通法规，或逆行，或闯红灯，巡警就会神不知鬼不觉地出现在你面前，好好惩治一番。

在我国，对国债发行规模实行年度额度管理制度，即下一年度国债发行计划通常是在上一年第四季度编制，对国家财政预算收支情况的测算，是编制国债发行计划的主要依据。这个计划将作为国家预算的一部分，上报国务院，由国务院在下一年三月的全国人大会上提请审议。一旦通过，国债发行计划就如同法律文本一样具有法律效力。倘若在年度内，国际国内经济形势发生变化，需要追加或削减国债，政府就无权随意为之，必须像修改法律法规一样上报全国人大常委会，只有在审议批准后才能够执行。

财政赤字应调控有度

● 尽管从数字上看，我们的财政赤字在短期内没有大的风险，但并不意味着没有隐患，例如各地“政绩工程”导致的财政亏空就是政府的隐性债务。这要求我们的财政未雨绸缪，调控有度，提前做好防范，尽可能地化解和降低财政风险。

所谓财政赤字，是指一个财政年度中政府入不敷出，出现了收支差额。了解会计常识的人知道，这种差额在进行会计处理时需用红字书写，这也正是“赤字”的由来。赤字的出现有两种情况，一是有意安排，被称为“赤字财政”或“赤字预算”，它属于财政政策的一种，对此，我们将另文介绍。这里要谈的是另一种情况，即预算并没有设计赤字，但执行到最后却出现了赤字，也就是“财政赤字”或“预算赤字”。

我们知道，私人可以用自己新增的收入来还清以前所欠的债务。而政府的财政收入主要来自税收、国有资产经营收益、政府收费和国债。自然，政府可以用新增的税收、收费，或国有资产经营收益来消除赤字。但是，这些方式或者远水解不了近渴，或者实行起来会受到种种条件的制约。拿国有资产经营收益来说，国有企业刚接到订单，还没组织生产，更没有销售产品回笼资金，政府总不能把手一伸，让它们提前上缴利润吧。税收也是如此，根据税法规定，有的按月缴纳，有的按季缴纳，为了弥补财政赤字，突然改为一刀切，统统提前缴税，不仅纳税人撂挑子不干，议会、人代会也不会通过。事实上，弥补财政赤字常用两种方法，一是货币融资法，一是债务融资法。

用货币融资法弥补赤字，并不像有些人想像的，让印钞厂加班加点，多印些钞票就能搞定。在实际操作中，货币融资法有三种方式：一是财政部直接向中央银行透支，弥补赤字。透支的额度就是中央银行增发的货币金额；第二种方式，是中央银行直接购买政府债券；倘若法律规定不允许中央银行直接购买公债，那么弥补赤字的方式，就采取第三种方式，政府向社会发行公债后，中央银行通过公开市场，从社会公众手中再购买政府公债。显然，与前两种方式相比，第三种方式是一种间接的、变通的方法。与货币融资法不同，政府用债务融资法弥补赤字，是向非政府部门借款。这些非政府部门包括企业和个人，其中商业银行财大气粗，往往乐意充当债权人的角色。

一个家庭出现赤字，会影响家庭未来的开支。国家出现了财政赤字，会通过政府的开支，对整个宏观经济产生影响。这种影响有两个方面：一是财政赤字的规模，赤字规模越大，给宏观经济带来的影响也越大；另一方面，同样规模的财政赤字，采用不同的弥补方式，对宏观经济产生的影响也不一样。以货币融资法为例，一般说来，计划经济国家大都采用第一种融资方式，即财政部直接向中央银行透支的办法。银行为了帮助财政消除赤字，只好增发货币。经济学中，把中央银行发行的货币称为基础货币，由于它能衍生出数倍于己的账面财富，所以，又被称为“高能量货币”。举个例子，中央银行增发货币 1000 亿元投入到社会后变成了国民收入，如果这些收入存入商业银行，商业银行只留 200 亿元应付日常业务，其余 800 亿元暗度陈仓，以更高的利息贷放给企业 A。A 企业临时没有投资，把 800 亿元贷款存入第二家银行，这家银行也留下存款额的 20%，也就是 160 亿元作为准备金，其余的 640 亿元贷给企业 B，而企业 B 又将 640 亿元贷款存入第三家银行……如此一来，就产生了一系列连锁反应，就像母生子，子生孙一样，1000 亿元基础货币最后扩大到原来的 5 倍，即 1000 + 800 + 640 + 512 + 409.6 + …… = 5000 亿元。为了弥补财政赤字，中央银行增发了高能量货币，使流通中的货币数量成倍增加，但是，整个社会的实物财富并没有增加，这样做的结果，便是引发通货膨胀，物价上涨，经济偏离正常轨道。

与计划经济国家不同，市场经济国家弥补财政赤字，多采用货币融资法的另外两种方式。其中，中央银行并不完全独立于中央政府时，政府会授意中央银行直接购买政府债券。而在中央银行独立性很强的国家，则只能采取第三种方式，中央银行通过公开市场，从社会公众手中再购买政府公债。不管是哪一种方式，中央银行直接或间接购买公债，投入的货币没有进入商业银行的渠道，也就是说，不会像前面讲的高能货币一样，鸡生蛋，蛋生鸡，使流通中的货币量一直增加下去，所以，与财政向银行直接透支的方法相比，后两种货币融资法对经济的负面影响要小得多。

当然，不管用哪一种货币融资方式来弥补财政赤字，都不如债务融资法利多弊少。政府发行国债，政府成了债务人，企业和个人成了债权人，这样做，只是资金使用权发生了转移，流通中的货币总量并没有增加，所以，一般不会引发通货膨胀。从另一个角度看，财政向中央银行透支也好，中央银行直接或间接购买公债也罢，作为出钱的一方，中央银行都是不得已而为之，政府一声令下，印钞厂就得昼夜加班，货币发行量增加是不争的事实。而国债发行用的却是市场手段，企业、居民也好，银行也罢，认购国债都循着自愿的原则，发行国债获得的资金是社会的闲置资金，自然不会对经济产生不利影响。

扬汤止沸，不如釜底抽薪。从长远来看，减少财政赤字最根本的办法，还是开源节流，增收节支。可是，病来如山倒，病去如抽丝。要在一个财政年度内达到平衡，通常是很难做到的。退一步说，倘若做到了，也就没有财政赤字了。从世界各国，包括发达国家的经验看，财政收支平衡主要是指长期平衡而非短期平衡。有数字显示，美国和日本的赤字率，在1981年到2000年的20年间，其平均赤字率依次为2.6%和2.5%，但两个国家在不同年份赤字率波动较大，它们各自的最高赤字率曾经达到过6%和7.3%。但是，即使在长期可以达到平衡也并不意味着短期内可以随意加大赤字。借钱不可怕，可怕的是还不起钱。赤字不能像滚雪球一样无限增大，需要掌握一个度。这个限度既取决于自身状况，如国家的经济状况、财政实力，也要依据经验数据进行科学分析。目前，国际上评价财政赤字的常用指标有两个，一是赤字率，即赤字在GDP中的比重；一是负债率，也就是国债余额占GDP的比例。经验表明，赤字率在3%以内，负债率控制在60%以内，财政赤字就基本是安全的。2002年，我国这两个比例分别为2.7%和16.3%，都在国际公认的安全线内。尽管从数字上看，我们的财政赤字在短期内没有大的风险，但并不意味着没有隐患，例如各地“政绩工程”导致的财政亏空就是政府的隐性债务。这要求我们的财政未雨绸缪，调控有度，提前做好防范，尽可能地化解和降低财政风险。

财政乘数四两拨千斤

● 古语讲得好：水能载舟，亦能覆舟。水之于舟，正如乘数之于国民收入。乘数效应，就像是江河里的水，如果合理利用，可以发电，能够行船，还可以灌溉作物，对人类大有裨益。但如果利用不当，却又会冲垮堤岸，淹没农田，甚至给人类带来灭顶之灾。

如果你装过半导体收音机，对三极管的神奇作用一定记忆犹新：当三极之一的基极通过电流时，另外两极的电流会成倍地增加。如果把基极电流变动量作为分母，把其他两极的电流变化量作为分子，那么，两者相除得出的数字，就是电流放大系数。经济生活中的类似现象被称为乘数效用。它是指注入一笔资金使产量和就业量成倍地发生变化。当然，这里的资金注入并不局限于投资，从财政学的角度看，政府购买、税收、转移支付、平衡预算等，都能够发挥乘数作用，引起国民收入的成倍变化。

三极管发挥作用必须要有电流通过，否则，便是个没用的半导体零件。财政乘数发挥作用也有一个必不可少的前提，就是社会上要存在着闲散资源。倘若资源都已配置殆尽，乘数就如同五行山下的孙悟空，纵有七十二般变化，一个筋斗能翻十万八千里，被一座大山压着，一身好本事也施展不出。当然，资源的饱和状态极少出现。更多的情况下，社会上存在闲置资源，这时候新注入的一定投资，将带来几倍的社会总需求和国民收入，这个倍数就是投资乘数。例如，李老板看好生物这个朝阳产业，投资 100 万元研制生产生物制品。可别小看这 100 万元，它就像多米诺骨牌中的母牌，一经推出便会引起一系列连锁反应。首当其冲的是投资品生产部门，其次是消费品生产部门。假如两个部门增加投资 400 万元，那么，社会总投资就增加了 500 万元（400 + 100）。这 500 万元通过购买行为形成了两个部门老板和员工的收入。这意味着国民收入增加了 500 万元。500 万与 100 万之比，得出的就是投资乘数：5。

乘数效应绝非天外来客，它的产生与全社会的边际消费倾向有关。假设人们把增加的收入分成两部分：一部分用于增加消费，另一部分用于增加储蓄，那么，（增加的消费 + 增加的储蓄）增加的收入 = 1。经济学中，把增加的消费与增加的收入之比，称为边际消费倾向；增加的储蓄与增加的收入之比，称为边际储蓄倾向。假定边际储蓄倾向为0.2，那么边际消费倾向就是1 - 0.2 = 0.8。那么，李老板增加的100万元投资，经工资、利息、利润、租金等，流入居民（生产要素所有者）手中，成为增加的100万元收入，由于边际消费倾向是0.8，所以，居民会把其中的80万元用于购买消费品。这80万元再次以工资、利息、利润、租金等形式流入另一些居民手中，这时候，全社会居民收入再次增加80万元。接下去，80万元的80%即64万元再次进入消费品市场，如此循环往复，可以计算得出，国民收入共增加500万元，投资乘数正好是边际储蓄倾向的倒数（1/0.2 = 5）。

以上讲的是私人投资具有乘数作用，同理，政府的购买性支出也能引起乘数效应。举个例子，某沿海城市市政府为社会提供公共产品，修建了一条防洪大堤，这笔政府购买性支出有一部分成了筑堤工人的收入，工人将一部分用作储蓄，比如把钱存到银行，或者寄回老家；其余用于购买日常生活用品。与上例类似，整个社会的收入增量将成倍扩大。正因如此，在经济萧条时期，政府会增大购买性支出，大搞基础设施建设。这样做的目的，无非发挥乘数四两拨千金的神奇功力，拉动经济快速回升。

税收乘数来自两个方面，一是税收绝对量变动对总收入的影响，一是税率变动对总收入的影响。不管哪一种，税收乘数通常为负数。这不难理解：乘数为负数，意味着收入与税收反方向变动，税收增加，收入降低；税收减少，收入增加。究其原因，是因为税收与可支配收入就如一块蛋糕，税收部分切大点，人们可支配收入部分就少点，如果消费倾向不变的话，可支配收入减少了，将导致消费减少。假如，税收乘数为 -5，那么，政府减税 100 亿元，则国民收入增加 500 亿元。反之，政府增加税收 100 亿元，国民收入就减少 500 亿元。政府支出中的转移支付，相当于把收上来的税返还一部分给公众，那么，转移支付的受益者同样也会增大消费支出，因此，政府转移支付的作用机理与税收正好相反。

一般而言，乘数不是一个恒定的数值，而是随着经济生活中各种要素的变化而不断发生变动的。例如投资乘数在边际储蓄倾向为 0.2 时，它是 5，而当人们持币观望，边际储蓄倾向增强，比如增大为 0.5 时，投资乘数就相应减小为 2。当然，也有一种乘数与其他乘数大不相同，那就是预算平衡乘数。我们知道，所谓财政预算平衡就是政府的收支相抵，账面上既无盈余，也无赤字。在这种情况下，政府收入和支出发生相同方向、同等数量变动，因此，国民收入变动对政府收支变动的比率为 1，但这只是静止时的现象。假如，财政预算仍是平衡的，但预算的总规模扩大了，一样会对经济产生扩张效应。所谓预算规模扩大，是指既增加政府支出，同时又增加税收。假设税收增加 1 亿元，同时政府支出也增加 1 亿元，从财政角度看，账面收支相抵，预算仍是平衡的。但税收和支出的增加，带来的效果却大不相同。假设社会的边际消费倾向是 0.8，税收增加 1 亿元，使居民的可支配收入减少了 1 亿元，由于边际消费倾向的存在，消费支出并没有减少 1 亿元而是 8000 万元；而政府支出增加的 1 亿元却是实实在在，没有打折扣。两者相抵后，仍使总需求增大。

古语讲的好，水能载舟，亦能覆舟。水之于舟，正如乘数之于国民收入。乘数效应，就像是江河里的水，如果合理利用，可以发电，能够行船，还可以灌溉作物，对人类大有裨益。但如果利用不当，却又会冲垮堤岸，淹没农田，甚至给人类带来灭顶之灾。以投资乘数为例，投资增加，无疑会增加国民收入，皆大欢喜。但在经济过热时，继续实行鼓励投资的政策，便如同火上浇油，使经济盛极而衰，溃于一旦。在经济萧条时期，如果加大税收，那就会抑制全社会的消费和投资，国民收入便会加倍收缩。这无异于雪上加霜，使经济复苏更加遥遥无期。如何发挥好乘数的“四两拨千斤”之效，使其造福于经济社会，正是宏观调控所要解决的重要课题。

审慎防范外债风险

● 2003年3月1日，我国《外债管理暂行办法》正式实施，其主要目的是控制外债规模，防范外债风险，使外债管理更加规范化。该办法还明确规定，国家只负责偿还主权外债，企业举借的国际商业贷款多属于非主权外债，由债务人自担风险，自行偿还。

过去很长一段时间，我们都以为国家经济要自立就不能欠外债。这个观念的形成，说起来也是事出有因。抗美援朝期间，我们向苏联老大哥借了14多亿卢布，本来兄弟之间借债还钱好商量，没成想两国关系突然破裂，“苏修”竟落井下石，乘我经济困难逼债上门。中国人勒紧腰带，提前还清了欠款。不过，从此吸取教训，在此后21年里，再没有向外国借过一分钱。直到1979年，中国进行改革开放，才开始大胆借用国外资金。不过，我们在举借外债时，还是多了几分小心，三思而后行，目的是要避免再度陷入债务陷阱。

其实，环顾当今世界，并不像歌剧《白毛女》中那样，只有杨白劳那样的穷苦人家才去四处借债。正相反，利用国外资金发展本国经济，已是国际通行的做法。论经济实力，美国牛气冲天，无人可比。可它却欠下了一屁股账，很长时间里一直是最大的债务国。可美国仍然执世界经济之牛耳，老百姓也过得有滋有味，悠哉游哉。要想弄清此中奥妙，还得从外债的功能谈起。我们知道，开展对外贸易，既有顺差也有逆差。顺差时积累外汇，逆差时便用外汇储备去平衡。但如果逆差过大，外汇储备拮据，便需要举借外债去弥补。所以说，外债的第一大功能是平衡国际收支。这一点和发行国债弥补财政赤字有很多相同之处，只不过一个是内债，一个是外债而已。

对于发展中国家来说，平衡国际收支并非举借外债的主要动因。晚清时期魏源曾提出："师夷长技以制夷。"我们要发展经济，赶超发达国家，必须引进国外的技术和管理经验，其中就包括引进国外的先进设备，购买国内短缺的原材料。这当然需要大笔资金，没钱办不成事业。实际上，在我国的对外借款中，占很大比例的还是用来加快国内经济建设。外债的第三个功能，是调节宏观经济。像我们这样经济转轨的大国，产业结构不尽合理。倘若老牛拉慢车，不急不忙地自由发展，倒也不会暴露大问题。可要超常规跨越式发展，问题就来了。能源、交通等产业相对薄弱，供给满足不了需求，就像是“瓶颈”制约着注水的速度。如果像过去那样，关起门来搞建设，只能将国内资源再分配，压缩其他产业以缓和瓶颈危机。如此一来，经济增速便要受到影响。现在改为借用外债，变缩为补，把借来的钱用于瓶颈产业建设，其他产业无须压缩就能实现供需平衡，经济增长也就有了保证。因此，有人将举借外债，调控宏观经济称之为“增量型”调节。

外债的来源，大致有五种：一是国际金融组织贷款。只要是相关组织的成员国就可以按照规定借入资金。这些贷款期限较长，平均利率较低，是发展中国家重要的筹资渠道。二是外国政府贷款。此类贷款具有经济援助性质，根据国际惯例其中要含有25%以上的赠予成分。不过，放款方也不会白白让利，会提出很多附加条件，比如要求对方投桃报李，增加某些商品的进口等。三是国际商业贷款。放款方是商业银行、跨国公司或富商巨贾。商业贷款手续简便，附加条件少，但期限短，利率随行就市，受金融市场波动影响较大。除上述三种贷款外，一国政府、金融机构或企业也可以在国际债市发行债券，筹集资金。这些债券，不是以本国货币，而是以外币计值，流动性强，发行面广，借的资金多。发行人的信用等级会直接影响债券发行，而且，除了向投资者支付利息外，发行方还要额外支付一笔发行费。

俗话说，好借好还，再借不难。为了管好、用好外债，各国都确定了外债规模管理指标，其中，国际社会通行的主要有三个：偿债率、债务率和负债率。偿债率是指当年应偿还的外债本息与当年外汇收入之比，警戒线为20%。如果高于这一比例，说明外汇收入不足以承受还债负担。债务率是指年末外债余额与当年外汇收入之比，警戒线为100%。负债率是指外债余额与国民生产总值之比，警戒线为25%。统计资料显示，2002年，我国偿债率为7.89%，债务率为46.12%，负债率为13.62%，主要外债指标均在安全线之内。

上述三个指标，主要是从静态角度衡量外债规模是否与清偿能力适度。此外，还有一些动态指标用于监控外债增速是否正常。比如，外债余额增长速度，一般不能高于GDP增长速度，2002年底，我国外债余额折合美元1685.38亿元，比上年末减少15.72亿美元，下降0.92%，显然不存在增速过快问题。当然，举借外债还要考虑汇率因素。筹资货币既要多样化，还要选择“软货币”，也就是汇率有下跌趋势的货币。比如，预计10年后日元对美元贬值，那么，日元是软货币，借款时就应选择日元。假设借入1.5亿日元，按

100∶1 的汇率兑换成 150 万美元。还款时，如果 1 美元可兑换 150 日元，那么，只需拿出 100 万美元就可归还原来的贷款，剩下的 50 万美元，还了利息还能绰绰有余。反之，借款时错误地选择了美元，借方便会不堪重负，可能还不起债了。2002 年，我国外债余额减幅很大，其中有 16.27 亿美元就是筹资货币操作得当带来的外债余额减少。除规模指标外，外债期限指标也很重要。1 年以内的短期外债易受国际市场影响，风险较大，短期外债占外债总额的比例以不超过 20% 为宜。值得注意的是，这里所说的期限是一个相对概念，如果一笔期限 10 年的外债到了第 9 年，其外债余额就应算作短期外债而不能算入长期外债中。如果按照这种剩余期限法计算，2002 年我国短期外债余额为529.76 亿美元，占外债余额的31.43%，不仅比上年末增加 23.96 亿美元，也超过了 20%的界限，对此，应该引起充分的警惕。

世界权威机构曾对债务危机作过专项研究。结果表明，出现债务危机的国家除了债务规模过大、增速过快、短期债务比例太高、币种选择不当等原因外，很重要的一点是外债使用不当。例如，短期借款本应用于见效快的项目，有的国家却短债长用，投入了基础建设，结果到了还债期，一堆半拉子工程，没产生一分钱的效益。还有的把生产建设借款填补了财政亏空，借新债还旧债，债务像雪球越滚越大，最后落入“债务陷阱”，难以自拔。他国之鉴，足以为训。2003年3月1日，我国《外债管理暂行办法》正式实施，其主要目的是控制外债规模，防范外债风险，使外债管理更加规范化。比如该办法专设一章，名为“外债偿还和风险管理”，明确规定国家只负责偿还主权外债，企业举借的国际商业贷款多属于非主权外债，由债务人自担风险，自行偿还。

市场失灵与政府干预

● 在市场出现失灵的情况下，政府应该从幕后走到前台，通过实行财政、货币政策，调控宏观经济，熨平经济周期。但在市场经济中，政府扮演的始终只能是配角，市场才是经济社会的主角，否则政府的手伸得过长，管得过宽，不仅路多亡羊，还可能好心办了坏事。

20世纪30年代以前，经济学家大都相信市场是万能的，只要企业能够自由生产，个人能够自由择业，那么，市场这只“看不见的手”就能够使资源配置到最优状态。可30年代的大危机打破了市场万能的神话。英国经济学家凯恩斯等人认为，市场机制并不总能使宏观经济保持平衡，在市场出现失灵的情况下，政府不能无为而治，而应该从幕后走到前台，通过实行财政、货币政策，调控宏观经济，熨平经济周期，以实现充分就业、经济增长、物价稳定和对外收支平衡。

市场失灵的原因主要来自五个方面：垄断、外部效应、信息不对称、公共物品、收入分配不公。解决这些问题，市场力所不及，而政府恰恰有用武之地。说起垄断导致低效率，相信很多人都会有同感。以我国邮政、电信为例：以前的邮电系统顶着国营的帽子，只此一家，别无分店。那时候寄封信，哪有特快专递上门服务，寄个平信吧，怕丢了；寄个挂号信吧，走得太慢；曾经实行过一段快件，可那只适于往远的地方投寄，如果收信人离得不算太远，比如相邻的城市，快件居然走得比平信还慢。家里装个电话，提前半年排号不说，初装费还贵得惊人。90年代初，家里装部电话花了3000多块钱，用去了我一年的积蓄；而一位经商的朋友买了砖头大小的一部手提，竟花费了17000元。市场为什么解决不了垄断问题？原因很简单，垄断企业财大气粗，市场占有率高，既能限制产量和服务，又能左右市场价格，而且，还能通过不正当竞争将其他企业排挤出局。针对垄断企业，世界各国政府使出了不少招数，比如，对垄断企业征收超额税收，拿走部分垄断利润；或者实行公共管制，用公共定价方法约束企业销售价格；甚至干脆横刀立马，出台反垄断法向垄断企业开刀。像微软那样牛气冲天的巨无霸，就因捆绑销售浏览器获罪而惨遭肢解。再如我国的邮政行业改革也是收效明显。在过去的几年里，邮政和电信分家，行业坚冰被打破，电信业引入了联通等公司的竞争，用户有了更多的选择，享受到了竞争带来的实惠；各种速递公司逐鹿市场，给邮政业带来了前所未有的活力。

外部效应是经济学术语，我们看了下面的例子便会明白它的含义：某化工厂在获取丰厚利润的同时，也带来了环境污染，日复一日冒出的滚滚浓烟使工厂周围的居民深受其害。像这样因一个经济主体的活动造成其他经济主体损失，我们称之为“外部非经济性”。与外部非经济性对应，就是“外部经济性”，比如，果园与蜜蜂养殖场毗邻，蜜蜂在果园里四处飞舞采蜜使养殖者受益的同时，也为果树传授了花粉，提高了果园的产量。不论外部非经济性也好，外部经济性也罢，把问题交给政府都可以得到较好的解决：对于化工厂造成的非经济性，政府既可以要求化工厂改进工艺，治理污染；也可以要求化工厂拿出一部分利润，补贴居民的损失。至于外部经济性的情况，政府可以从税收中拿出一部分对提供外部经济性的一方给予津贴或奖励。

在经济生活中，信息不对称的现象随处可见。二手车市场就是个典型的例子。人们常说，买的不如卖的精。车主常常以次充好，竭力掩藏车的缺陷；而买主却是两眼一摸黑，不是行家里手，对车好车坏当然拿捏不准。如果出现了信息不对称，便会出现两种情况，一种叫做道德风险，一种叫做逆向选择。车主可能会对购买者进行欺诈，这就是道德风险；而购买者倘若知道可能上当，但又不确知哪辆车有猫儿腻，便会先小人后君子，把所有的车都假定为问题车，然后疯狂侃价。如此一来，那些没问题的车子也卖不上价，就像一条臭鱼腥了一锅汤，二手车市场也是坏车排斥好车，结果真的没好车可买了。这种情况被称为逆向选择。针对信息不对称问题，政府可以使出三路招法：信息管制、质量管制、资格管制。所谓信息管制，是制定法规，要求生产者（在上例中指卖车车主）公开、全面提供产品信息，政府还要予以监督，确保准确性。至于质量管制，是指设立技术和质量标准，质量合格才准予入市销售，否则，不允许进入流通领域。资格管制越来越为人们认可。在健康成为关注焦点的今天，打着无公害标志、绿色食品标志的产品备受青睐。其实，无公害、绿色食品认证等，本身就是一种资质；再比如，在花费相同的情况下，毫无疑问，人们会选择入住四星级而不是三星级酒店，原因很简单，四星级条件要好一些。星级本身也是酒店的一种资质，只有软硬件达到一定标准，才可能获得相关资质。这样一来，假冒伪劣产品便难以鱼目混珠，终会被市场扫地出门。

公共产品导致市场失灵原因在于它的消费没有排他性，张三使用不影响李四使用。正由于如此，所以公共产品收费很困难。比如你掏钱建路灯为过往的行人提供照明，行人享受了你的服务，照理他们应该付费，以弥补你建路灯的成本。但如果你真的去收费那可就难了。也许会有人说，我自己能走这段路，根本不需要你照明，你要向我收费，那是强买强卖；甚至还有人说，我的眼睛怕光，根本不愿见到路灯，你在这里弄了盏路灯损害了我的眼睛，你得给我赔偿。在这里，等价交换玩不转了。由此造成的后果，就是没有人愿意去建路灯。所以类似路灯等一类的公共产品就应由政府来提供，由政府来弥补市场失灵。

从某种意义上说，社会分配不公是市场竞争带来的副产品，经济主体本来就有强有弱，通过市场竞争很容易造成贫富悬殊，两极分化。成熟的市场经济，既讲究效率优先，又要兼顾公平。谁来兼顾公平呢？当然是政府。在政府的宏观经济目标中，充分就业排在第一位。何以如此？因为失业会增加贫困，贫困会危及稳定。对政府而言，稳定始终要压倒一切。因此，通过实行累进的所得税征收高额的遗产税，劫富济贫，缩小两极分化；同时，通过财政转移支付建立扶贫和社保体系，也是政府财政政策的重要内容。

真理再向前一步，就会变成谬误。对政府的职能也要定位准确，才不至于越俎代庖，矫枉过正。在市场经济中，政府扮演的始终是配角，市场才是主角，只有当市场失灵的时候，政府才应出手相助。否则，政府的手伸得过长，管得过宽，不仅路多亡羊，管得多却管不好，还会用非所长，好心办了坏事。

财政收支

财政收入聚敛千金

公债与财政"挤出效应"

财政花钱当量力而行

转移支付调剂余缺

公正对待政府收费

财政补贴有进有退

政府采购要防道德风险

财政收入聚敛千金

● 财政收入不像守财奴的金子，埋到地窖放进密室，藏着掖着舍不得用。收入是为了支出，是为了办好公共事业。所以，财政收入是财政活动的一个环节，千金散去还复来，财政收入要解决的是政府如何聚敛千金，为公众造福的问题。

最近，电视连续剧《走向共和》在中央一台热播。该剧忠于历史，引人入胜。其中有一个情节，国人看了无不震惊：当年李鸿章与洋人谈判，签订了丧权辱国的《辛丑条约》，按条约规定，我们要给人赔款 4.5 亿两白银，而清政府的财政收入每年才 8800 万两，这样连本带利，至少需要用 39 年才能赔清。做出这等丢尽国格的事，一方面说明清政府软弱无能；另一方面，也表明我们国力不济。落后就要挨打，这是千古不易的道理。

人们常说，巧妇难为无米之炊。没米下锅，再能干的媳妇，也只能看着全家挨饿。对于一国政府来说，财政收入的重要性是无可置疑的。政府的任务包罗万象，花钱的地方五花八门：保家卫国需要军费开支；扫除文盲需要教育投资；基础建设若缺了钱，没准就搞成半拉子工程；健全社保体系要有大笔资金作后盾；教师、公务员工资，也一个萝卜一个坑，谁的也拖欠不得。这么多地方等钱用，没有数量充足、经常、固定的财政收入，政府运转就难以为继。即便有心为民办事，却也只能望钱兴叹。从另一个角度看，财政收入不像守财奴的金子，埋到地窖放进密室，藏着掖着舍不得用。收入是为了支出，是为了办好公共事业。所以，财政收入是财政活动的一个环节，千金散去还复来，财政收入要解决的是政府如何聚敛千金，为公众造福的问题。

财政收入来源广泛，不同时代各有特色，例如自然经济时，财政收入靠征收实物或劳务取得；在封建社会，“布帛之征”、“徭役之征”等成为财政收入的主渠道。随着商品经济的发展，财政收入与货币结下不解之缘。大凡财政收入，都是以货币来度量，而财政收入的分类方法却是不一而足。比如按收入形式划分，可分为五种：税收、国有资产经营收益、国债、政府收费，以及包括罚没收入在内的其他收入。倘若按经济成份划分，可分为国有经济收入、集体经济收入、非国有经济收入。按经济部门，可分为第一、二、三产业收入。按收入的管理权限，又可分为中央财政收入、地方财政收入。

财政收入的多寡，就是财政收入规模。它有两个衡量指标：一个是财政收入规模绝对量，一个是财政收入规模相对量。前者指一定时期内财政的总收入。这只是一个名义上的数量，看财政收入是增是减，不仅要看这个账面上的数字，还要扣除通货膨胀因素，以推算财政收入的实际变化情况。另一个分析财政收入的指标是财政规模相对量。即我们常听到的“两个比重”。一是财政收入占 GDP 的比重，这个比重在财政学中有一个专用词汇，即国民经济的财政负担率。它反映了政府和市场经济主体之间占有和支配社会资源的情况。这个数值越高，说明政府“财大气粗”，调控经济的回旋余地越大。再一个是中央财政收入占全部财政收入的比重，这个比值可以衡量中央政府集中财力的程度，进行宏观调控的能力。

懂水利常识的人都知道，水库的蓄水量受到多种因素的影响。水库的库容设计是制约总蓄水量的大前提。同理，国家小，政府管的事少，需要的财政收入相对就少。换句话说，有多大的事业，就需要多大的财政盘子。在这个大前提下，水库的蓄水量取决于上游的降水量、突发性的洪峰变化、大堤的抗洪能力，以及下游农业灌溉、生活用水情况等等。影响财政收入规模的因素也是千变万化。前面讲到了国民经济的财政负担率，也就是说，以同样的财政负担率标准，国家的经济发展、经济实力不同，财政收入规模便大相径庭。财政不是无源之水，无本之木，美国搞反恐怖，新建立了国土安全部，新增十几万人，打伊拉克战争，参战将士补贴也创历史最高，财政大笔一挥就办了，为什么那么牛气，国家实力强嘛。另外，分配政策对财力影响也不小。如果国家想藏富于民，比如1979、1980年，我们同时采取三大措施，提高农副产品价格，提高工人工资水平，对企业减税让利，那两年的财政收入年均增长仅1.2%，而财政收入占GDP的比重，却快速下降。反过来，如果政府要加大宏观调控力度，就会收得多一些，财政盘子就相应扩大。

当然，财政收入并非韩信用兵，多多益善。我们知道，财政收入越多，意味着政府可支配收入越多，有钱好办事，钱多办大事。政府提供公共产品和服务可以更多更完善，例如，可以通过提高社会保障费用，把国家变为高福利国家，让人们尽享社保的温情。但是，财政收入毕竟是从社会获得，羊毛出在羊身上。取之过度，则弊大于利。以税收为例，倘若税收过高，企业和个人税负过重，便会影响投资和消费增长，经济发展就会减缓甚至停滞，到头来又影响财政收入增长。衡量一国财政收入规模是否合理、是否适度，有两大原则，即效率原则和公平原则。所谓效率原则，是指财政收入规模既不过多，也不过少，既要保证社会资源充分有效利用，又能促进国民经济健康协调发展，我们讲效率优先，就是在上述两个目标中间寻找一个最佳的结合点。至于公平原则，主要是针对税收负担而言。同样的财政收入规模，可以有不同的税收负担分配，如果一碗水端不平，给有的人压担子，又给另外一些人开小灶，那就有失公平，也会影响政府威信。

通过财政收入，还能够对全社会的收入进行再分配。市场崇尚效率，由市场这只看不见的手自发作用，不可避免地会引发贫富悬殊，拉大收入差距。借助财政收入对全社会的收入进行再分配，是政府调节经济的重要手段。例如，建立超额累进的个人所得税制，使富人多上税，能达到保护弱势群体，缩小收入差距的目的。财政收入的调节作用还表现在改善资源配置上。举个例子，政府对环保产业实行税收减免，对污染环境的产业提高税率，砍头生意有人做，赔钱买卖没人干，为了确保利润，私人投资就会弃污染产业转投环保产业。财政收入的方向盘往哪转，便牵引着资源朝哪个方向流动。再有，财政还有经济的“内在稳定器”的美誉。举例来说，某国采取累进的个人所得税制，假如1999—2000年经济增长迅速，财政收入也水涨船高，增长幅度更快，这就能在一定程度上防止经济过热；又如到2002年，经济走向衰退，相应的，财政收入就止涨反跌，财政收入减少，就减轻了企业的负担，从而有助于经济的复苏。

公债与财政“挤出效应”

● 政府发行公债，相当于政府开出借据，债权人是公众，债务人是政府。这种债权债务关系一旦发生便会对宏观经济产生巨大影响。一方面，公债发行可以增加政府支出，拉动经济快速增长。但另一方面，政府发行公债要占用资金，这样财政便可能出现“挤出效应”。

说到公债，人们并不陌生。建国以来，我国政府曾多次发行公债，例如，1950年的“人民胜利折实公债”；1954—1958年的“国家经济建设公债”；1981—1987年价值9967亿元的内外债；1998—2002年，6600亿元长期建设国债等等。公债对巩固政权、恢复国民经济、克服财政困难、加强基础建设等方面都发挥了不可替代的作用。特别随着市场经济的建立，公债已成为政府调控经济的重要手段。据测算，从1998年实行积极的财政政策以来，政府通过发行公债带动各类投资达公债总额的5倍，创造就业岗位750万个，对经济增长的贡献每年可达到1.5%—2%。

根据不同的标准，可以将公债分成很多类别。比如，按照发行地域不同，可分为国内公债（内债）和国外公债（外债）。内债债主即债权人是本国公民和法人，一般采用本国货币为计量单位；外债的债主是跟“外”字沾边的，如外国政府、国际金融组织、外国企业和个人，计量单位是一种或几种外币。单就内债而言，根据发行方的不同，又可把公债分成两种：中央政府债券（国债）和地方政府债券。倘若按经济用途分类，公债则可分为生产性公债、非生产性公债。前者就是人们熟知的建设公债，公债的投向是建设项目，譬如铁路、电气等企业。而后者主要用于非生产性支出，如建设公共图书馆、敬老院等。如果以利率为分类依据，公债又分为固定利率公债和浮动利率公债。前者的利率在券面上事先注明，后者则承诺，债息与银行利率、物价水平同方向变动，以确保债权人的财产保值。与银行存款一样，公债有定期和不定期两种。定期公债其偿还期在1年以内的，称为短期公债；1年以上5年以下的，是中期公债；5年以上的，就是长期公债。必须注意的是，不定期公债不同于活期存款可以随时支取。不定期公债也叫永久性公债，它在发行时并不标明还本期限，债权人定期有利息收入却不能随时取出本金，而是由政府视财政情况确定何时退还本金。

前面我们讲到，按照偿还期不同可以将公债分为短期、中期和长期三种。在西方，将融资期限在 1 年以下的金融市场称为货币市场；融资期限在 1 年以上的称为资本市场。短期国债是货币市场的重要交易品种，而中长期国债则在资本市场占据一席之地。以短期国债（国库券）为例，它风险小、流通性强，收益又相对较高，所以备受投资者青睐，被称为“金边债券”。小富即安者持有国库券可高枕无忧，细水长流；商业银行将其视为理想的二线储备，购买国库券，既充实了自有资本金，又可获得稳定的收益，而且随时可以拿到二级市场变现；机构投资者看中了国库券背后有政府这棵大树，踊跃竞标参与发行，并经常光顾二级市场，大进大出获利不菲。中央银行也是国库券交易中的常客，它的交易目的与普通投资者大相径庭：当货币供给过多时，中央银行卖出国库券，回笼货币，平抑物价；反之则买入国库券，释放货币，刺激经济，国库券成了中央银行调控经济的重要工具。

公债的一大作用是弥补财政赤字。除此之外，增加税收，减少支出，也可以缓解财政困难。经济学家李嘉图和巴罗先后得出了一个共同的结论，即所谓的李嘉图—巴罗等价定理，该理论认为，政府无论用债券还是用税收筹资，其效果并无二致，是等价的或相同的。马克思也曾下过结论：公债是“税收的预征”。换句话说，今天的公债就是明天的税收。政府需要在当期税收、今后税收之间作个决断。这里面，涉及到资源的配置效率问题。倘若公债发行有助于实现资源的最优配置，那么发债就不失为一步好棋；而倘若税收更能体现资源配置效率，那么就应该以税代债。究竟用增加税收还是增发公债，还要看增加的政府支出是何种类型。政府部门的支出可分为两类，经常性支出和资本性支出。前者形成政府当年社会消费性支出，例如，政府发给公务员的工资、每年的军饷费用等，如果这类支出用的公债收入，那么就相当于当代人受益，子孙偿债，显然有失公平。为此，政府部门的经常性支出就应该由税收而非公债筹集。所谓政府的资本性支出，是指那些若干年内受益的支出，比如，建设图书馆，不仅仅当代人受益，子孙也会享受得到。对于这些，就应该一分为二，当年的费用由税收筹集，以后的费用则通过发行公债筹资，以充分体现谁受益谁付费的原则。

经济生活中，私人和企业之间的借债，债权关系比较简单，对整个经济的影响可以说微乎其微。政府发行公债，相当于政府开出借据，债权人是公众，债务人是政府。这种债权债务关系一旦发生，便会对宏观经济产生巨大影响。一方面，公债发行往往伴随着政府支出增加，通过投资的乘数作用带动整个社会的投资和消费需求，从而拉动经济快速增长。但是，很多事物都是生一利，必生一弊，社会财富的总量是一定的，政府这边占用的资金过多，又会使私人部门可占用资金减少，经济学将这种情况称为财政的“挤出效应”。发行公债如果一味追求多多益善，就有可能会造成债务规模过大，偿债负担太重；或者造成公共部门、私人部门比例失调等。衡量公债规模的指标有5个，分别是：公债依存度、公债负担率、公债偿还率、公债限额的动态指标、综合负债率。

所谓公债依存度，是指对公债的依赖程度，即公债发行金额占财政支出的比重。目前，这个指标有三种计算口径，一是总债务（内债加外债）占国家财政支出比重，它反映公债总体水平；二是内债比重，它测量着内债的规模；第三种，是内债在中央财政支出中的比例，它则表现出政府部门的债务负担情况。公债负担率与公债依存度之间有一个最明显的区别，就是它的分子不再是公债金额而是被公债余额取而代之，分母也不再是财政支出而是国民生产总值（GNP），这是个宏观指标，它表达出一国公债负担情况。从发达国家经验上看，这个数字不应超过45%。说到公债偿还率，很容易理解，是某年公债还本付息金额在当年财政收入中的比重。一般而言，这个数字要控制在10%左右。第四个指标是个动态指标。它是公债增长率与GNP的比值，反映着公债增长与GNP增长间的关系。假如公债增长快于GNP增长，就意味着公债规模扩张快，需要收缩；反之，公债增长低于GNP增长，说明公债还有些发行空间。最后一个指标，综合负债率衡量着一国金融状况。它的分子为三项，政府内债、银行坏债和全部外债，其分母则是按照现价计算的名义GDP。

财政花钱当量力而行

● 国家财政不是聚宝盆，它不可能取之不竭，用之不尽。所以政府花钱必须量力而行。好的政府就好比是好的管家，拿着有限的钱能合理使用，尽可能办更多的事情。不仅会量入为出，而且会量出为入。既注重效益，又体现公平。

今年春夏之交，中国人街谈巷议最多的，恐怕要首推“非典”。它自2002年11月登陆广州，迅速在全国蔓延。SARS来去无踪，肆无忌惮，严重威胁着人类安全。为消灭“非典”，中国政府不遗余力，投入了大量的物力财力。仅就北京市，政府就一次性拿出4亿元经费用于这场没有硝烟的战争。这4亿元专项经费就属于政府临时性财政开支。

倘若把整个财政资金比做蛋糕，那么，各项财政支出就像是切蛋糕。具体到我国，这个蛋糕被切分为五块：国防费、行政费、文教科卫事业费、社会保障费、经济建设费。其中，国防和行政属于纯粹的公共产品，这两项费用支出满足了政府行使职能的基本需要。国防费包括国防建设支出、国防工程开支、军事的科研支出、各军兵种经常性开支、后备部队经常性开支、战争时期作战费用支出等。与其他国家相比，我国的国防支出规模较低。以 1997 年为例，我国的国防费为 98 亿美元，美国为 2671.8 亿美元，俄罗斯 160 亿美元，法国 367 亿美元，日本 430 亿美元，韩国 172 亿美元，这就是说，1997 年我国的国防费用相当于美国的 3.7%，俄罗斯的 61.2%，法国的 26.7%，日本的 22.8%，韩国的 57%。国防费用占 GDP 的比重为 1.09%，远远低于世界平均负担率5.8%的水平。国防费的支出规模并非越多越好，也并非越节约越好，它与国防战略密切相关。中国人的传统历来是“人不犯我，我不犯人”，比如我国政府反复承诺，绝不在任何情况下首先使用核武器。我们从不穷兵黩武，也无称霸全球的野心，国防费占财政支出的比例低便是一个明证，令“中国威胁论”的谣言不攻自破。

政府要履行职能，保证各机构正常运转，需要一笔行政开支。这笔开销有五大类，包括行政管理费(如人大机关、政府机关、政协机关等单位的开销)、公检法机关经费、武装警察部队经费、对外援助支出和外交支出。我们的政府是人民的政府，干部是人民的公仆，老百姓是公务员的衣食父母。所以，对行政开支这个口子，财政一直坚持从严管理。行政费的使用管理程序：首先是确定人员经费（也就是我们常说的人头费）以及办公经费的使用定额，在此基础上，再实行收支统一管理、定额定项拨款、超支不补、结余留用，以控制行政经费的不合理增长，减少不必要的开支，杜绝资金浪费。

文教科卫事业费支出范围广，涵盖内容丰富。经济社会发展的重点不同，财政资金用于各项事业的支出也就有了轻重缓急。比如，我们大搞基础教育，加大教育投入力度，教育事业费支出在 20 年间增长了 20.4 倍，年均增速 16.3%。非典型性肺炎流行，暴露出卫生事业的一些薄弱环节，政府又采取倾斜措施，拨出大量资金，筹建公共卫生紧急反应中心，加大医疗卫生基础建设。

蛋糕的第四块，就是社会保障支出。有人把社会保障形象地称为社会发展的“安全网”和“稳定器”。政府为实现其社会职能，社会保障支出不可或缺，它与社会保障制度紧密相连。现代社会保障制度产生于 19 世纪 80 年代的德国，它在德国的良好实践使它迅速在全球蔓延开来，各国纷纷建立起本国的社会保障制度。我国也从 1951 年开始逐步完善社会保障制度。近几年来，政府适应市场经济和国情的要求，大刀阔斧进行了六项改革，这些改革都要有相应的财政资金匹配，为了保证资金到位，政府也着实花了不少功夫，出台了一系列措施，比如在税收方面，社会保障税就在积极酝酿，相应的财政开支也在设计、编制之中。

财政支出的第五大类，是经济建设费用，包括基本建设支出、支农支出、城市维护费、政策性补贴等等。按照我们介绍的顺序，经济建设费是最后一块蛋糕，但却绝不是最小一块。相反，它占财政支出的比重一直很大，在过去统收统支的计划体制下，它不仅涉及社会公益性领域，还涵盖了生产经营的各个领域、各个环节。以改革开放初期为例，仅基本建设支出一项在全国财政支出中就达60%。随着市场经济体制的建立，政府的职能和作用发生了转变，但经济建设开支却并非明日黄花，相反，这项开支对政府调控经济，确保经济稳定增长有着不可忽视的作用。1998—2002年，我国发行长期建设国债6600亿专门用于基本建设，这笔财政支出四两拨千斤，带动投资3.2万亿元，创造就业岗位750万个，对经济增长的贡献每年可达到1.5%—2%。

我们知道，国家财政不是聚宝盆，它不可能取之不竭，用之不尽。它的增长要受到多方面制约，如国民收入总量、经济增长水平等，这就要求政府在花钱时要三思而后行，决不可任意为之。好的政府就好比是个好的管家，拿着有限的钱能合理使用，办着尽可能多的事情。一般而言，政府要想成为名副其实的好管家，既要量入为出，又要量出为入，还得注重效益，体现公平。俗话说，吃饭穿衣看家当。政府办事业要量力而行，尽量做到财政收支平衡。即使在如今，有条件通过信用形式增发货币扩大政府开支的情况下，也大多坚持量入为出原则。例如，我国在 1994 年颁布《预算法》，其中明确规定，“中央政府公共预算不列赤字”。对于地方政府也有要求，如“地方各级预算按照量入为出、收支平衡的原则编制，不列赤字”。量出为入的原则与量入为出正好相反，它是反向思维的产物。通常理解，有多少决定花多少，但量出为入是反推回去，需要花多少，决定收多少。这是另一种财政分配观念。当然量出为入要与社会经济发展水平相适应。从前我们经济水平低，综合国力弱，只能搞“吃饭财政”，量入为出；20 多年改革开放，为实行的财政分配方式改革创造了条件，建立“量出为入”的公共财政将是财政改革的大趋势。

财政开支要注重效益，但这里的效益不是局部经济的效益，而是宏观经济效益和社会效益。从财政学的角度看，财政支出的一个重要原则就是同样的开支，由政府出钱要比私人出钱带来的效益更大；或者换个说法，获得同样的经济效益和社会效益，财政开支比私人开支要小。财政支出体现出的公平，指的是社会公平。众所周知，市场经济条件下讲求的是效率，至于效率之外的东西，市场往往鞭长莫及。如果任由市场做主，政府不施援手，就难免“朱门酒肉臭，路有冻死骨”，贫富悬殊、苦乐不均。通过转移支付、社会救助才能使寒者得衣，饥者得食，残者得助，老者得养，才能使社会公众获得普遍的福利。

转移支付调剂余缺

● 按照转移方向划分，财政转移支付有两种模式，一是纵向转移支付，既包括上级财政的向下拨款，也包括下级财政对上级财政的上缴。另一种是横向转移支付，也就是同级政府间的资金转移，如富裕地区向穷困地区提供资金援助。以上两种模式中，纵向转移支付应用更广。

看魔术表演，人们常为大师神奇的技艺叹为观止。其实，魔术师并不能点石成金，撒豆成兵，他们是凭借巧妙的构思，快捷的手法，在人们眼皮子底下偷梁换柱，移花接木，把道具从一个地方快速转移到另一个地方。政府的财政转移支付也像是把钱从一个口袋转移到另一个口袋。它虽然没有魔术的戏剧性效果，却能影响全社会的分配格局，促进经济的协调发展。

财政转移支付，既可发生在中央与地方政府之间，也可在同级或上下级地方政府之间进行。按照转移方向划分，财政转移支付有两种模式，一是纵向转移支付，既包括上级财政的向下拨款，也包括下级财政对上级财政的上缴。另一种是横向转移支付，也就是同级政府间的资金转移，如富裕地区向穷困地区提供资金援助。在两种转移支付模式中，纵向转移支付应用更广。

当今市场经济国家，普遍实行了分税制。它的突出特点是税收界限明晰，哪些收入归中央，哪些属地方，各自的比例多少，都白纸黑字，做出明文规定。如果把中央和地方比做父子，那么实行分税制，账目清楚，既能避免家庭纠纷，又能父子无猜，皆大欢喜。但地方政府和地方政府之间就像分家后单干的兄弟，有的分了块旱涝保收的好地，常年五谷丰登，稻谷满仓；有的却碰上了天灾人祸，衣食无着，饿起了肚子。俗话说，掌心掌背都是肉。中央对地方的纵向转移支付，就像老子关心入不敷出的儿子，尽其所能，解囊相助。当然，从另一个角度看，老爷子要想稳坐太师椅，在制定家规之初，就留了后手，有意亏欠孩子，不让他们把家产分得一干二净，一旦他们觍着脸找上门，老爷子把钱一拍，那可是威风八面，如此一来，一家之主的地位更是稳如泰山了。在美国，联邦财政收入达到财政总收入的60%以上，在日本，这个比例更是超过70%。如此高的比例，引起了纵向财政不平衡，也为财政转移支付预先埋下了伏笔。

当然，财政转移支付，其功效不止于此，它在实现中央政府的特殊目的上是个不可多得的好助手。前一段时间，内蒙古部分地区遭受风暴灾害，中央政府获悉后不是袖手旁观，而是马上拨款到位，用于灾后重建。这也是一种转移支付，它应付了非正常事件。父母给孩子零花钱，不同月份可能费用不同。中央财政对地方的转移支付也是因时而变。在经济繁荣时，为了保证经济不过热，中央政府就可以脸色一沉，减少给地方的拨款，地方政府钱包不鼓，花钱自然就谨慎起来，中央政府限制地方支出的初衷就达到了。相反，经济萧条时，各地政府不敢大手大脚，支出大为降低，这对于不景气的经济更是雪上加霜，中央政府决不能坐视不管，它一般会增加转移支付力度，地方政府你没钱，不怕，我给你。有了足够的资金，地方政府支出当然会增加。

大凡做父母的，多少会有点儿偏心眼儿。膝下一群子女，总有那么几个会讨老人欢心，明里暗里，从父母那里得到的好处也多。地方政府要想从中央那儿多要补贴，也得想方设法做一些让中央政府满意的事情。举个例子，山东省政府为了发展经济，秉承要致富先修路的思路，在山东省范围内大面积修路架桥，这一举措确实使山东人民受益，外面的产品引进来，自己的产品运出去。与此同时，山西、河南、河北等省也相应受益，它们北上或南下的通路顺畅起来。中央政府在此时就应该心明眼亮，在财政转移支付上偏爱山东，这种偏爱合情合理，没有人会反对，它的目的是激励地方政府，更多更好地提供公共产品，其结果使更多人更多受益。专家甚至归纳出一个理论，叫做“粘蝇纸效应”，也被称为“归宿的粘蝇纸理论”。它说的是：地方获得的拨款收入，较之地方自有收入会带动更多的地方公共支出。

当然，横向财政转移支付作用也绝不可低估。一个国家地盘越大，国情也就越复杂。历史状况、自然资源、人口分布、经济发展水平迥异，各地财政收入能力差异很大。东部发达地区，高楼林立，百业兴盛，而西部地区却相对落后，有的地方连基本的饮用水条件都达不到。邓小平同志曾提出“两个大局”的思想，改革开放之初，内地服从大局，全力支持沿海地区优先发展起来；滴水之恩，当涌泉相报，发达地区也要拿出更多的力量带动内地更好地发展。而横向财政转移支付便是东西互补，促进国民经济协调发展的重要途径。

财政转移支付好处多多，受到了世界各国的垂青。在实践中，财政转移支付日臻完善。从资金用途看，转移支付有无条件和有条件两类；从是否要求地方配套看，转移支付可分为配套和非配套两种；从金额大小的限定看，就分为封顶转移支付和不封顶转移支付两种。这几种转移支付条件往往融为一体，再细分开来，还有六种形式，分别是：无条件拨款、有条件非配套拨款、有条件配套不封顶拨款、有条件配套封顶拨款、分类拨款、分项拨款等。无条件拨款，不需多做解释。所谓有条件非配套拨款，指的是拨款有两个要求，第一有条件，第二非配套，比如中央政府在西部大开发中，在某一时期补助西部地方政府，但补助限定在只能用于教育，至于地方政府的自有资金，却没有要求。

所谓有条件配套不封顶拨款，其中有三个定语：有条件为其一，配套为其二，不封顶为其三。仍以中央政府的教育支出为例，中央政府的钱不能白给，它有严格的要求，即只能用于教育支出，不得挪为他用；中央政府每拨付一定经费，要求地方政府同样配套一定教育费用，拨付资金也没有限额，这些情况就是典型的有条件配套不封顶拨款。第四类，有条件配套封顶拨款，显而易见，它与第三种有条件配套不封顶拨款的惟一区别就是资金规定了最高限额，即封顶。至于分类拨款和分项拨款，其实都是有条件拨款的部分。分类拨款，仍旧以教育支出为例，倘若中央政府只规定用于教育，至于是改善教学条件，还是提高教师工资，由地方政府决定的情况，就属于分类拨款的范围。而分项拨款就是规定了明确的用途，如只能用于校舍建设，这种情况下的拨款就是所谓的分项拨款。

公正对待政府收费

● 政府收费和税收，好比同朝为官，共事一主，都为国家财政效力。正所谓文臣武将，各有千秋。税收是无偿的，可收费是有偿的，即谁受益谁付费；税收没有指定用途，它用于一般性财政支出，如国防等。而收费则用途明确，如过路过桥费便用于路桥的建设和维护。

说起乱收费，企业深恶痛绝，老百姓也是民怨沸腾。近些年，政府收费急剧膨胀，占据了财政收入的半壁江山，与税收打成了平手。应当承认，其中某些收费是有关部门拉大旗做虎皮，巧立名目的乱收费。更有甚者，还有一些收费单位，借机私设小金库，养肥了少数人，滋生了贪污腐败。一时间，政府收费这个李逵被乱收费这个李鬼搅得声名狼藉，有口难辩。

其实，把所有的收费都视为过街老鼠，倒也是莫大的冤枉。作为税收以外的财政来源，政府收费在全世界普遍存在。不分青红皂白把政府收费一棍子打死，并不是科学的态度。要还政府收费一个清白，真正发挥其应有的作用，必须去伪存真，弄清哪些是合理收费，应予以保留；哪些是苛捐杂费，应明令取缔；还有哪些收费应重新归口，改费为税。

政府性收费可分为两类，规费和使用费。所谓规费，是指政府所属的职能管理部门，如公安、司法、工商、民政等部门，提供了特定服务、特定管理而收取的费用。这种收费，不以盈利为目的。譬如，教育部门颁发学生毕业证，相应的要收取毕业证书费；检验部门接受检验申请，提供检验服务，也要收取检验费。所谓使用费，是指政府部门提供了公共设施，对使用者按一定标准收取的费用。如医疗收费、过路过桥费、城市绿化费、清洁费等。

政府收费和税收，好比同朝为官，共事一主，都为国家财政效力。正所谓文臣武将，各有千秋。税收是无偿的，可收费是有偿的，即谁受益谁付费。税收与收费用途不同，一般说来，税收没有指定用途，它用于一般性财政支出，如国防等。而收费则用途明确，取之何处，用之何处，比如过路过桥费便用于路桥的建设和维护。税收的征收对象，包罗万象，不论商品、所得，还是财产、资源等，都在其中；政府收费仅限定于特定范围，超越了规定范围，就属于乱收费。对应于税收的强制性，是收费的自愿性。举个例子，驾车从北京到天津，有两种选择，走京津唐高速路，或者走辅路。走高速就要交高速公路通行费，走辅路无须付费。这就意味着，在是否缴费上，公众有选择权，你不接受服务，便大可不必缴费。最后一点，税收一般较固定，它一经立法生效，不会轻易变动。而收费则可由政府视情况而定，大多无须走立法程序。打一个也许不太贴切的比方，如果把税收比做正规军，那么收费就好像地方部队。税收的立法权在中央，而收费的立项权常常下放到地方政府。这使得收费的灵活性远在税收之上。

那么，哪些应该征税，哪些应该收费呢？对此，经济学家引入了公共物品、混合物品两个概念，对政府采取收费还是征税做出了一些解释。对公共物品，大家比较熟悉，比如国防、监狱、法庭、灯塔、绿地等等。这些物品，既不能分割，也不排他，既无利可图，又不具备竞争性，还免不了自由骑士们搭便车。也就是说，公共物品很难由市场提供，私人是不愿意干或没有能力去干的，只好拜托政府出头以解决市场失灵问题。提供公共物品的经费从何而来呢？经济学家主张，最好采取税收的方式来筹集资金，再由政府出资兴办。

与公共物品不同，混合物品兼有公共物品和私人物品双重性质，它又可以分为两类，一类不具有竞争性，但具有排他性。比如桥梁，表现在非竞争性上，就是不可能出现很多的投资者，在一个路口，或者一个口岸，设很多桥梁，竞相压低收费标准，招徕过客，那样不仅造成资金的巨大浪费，更不知何年何月才能回收成本。排他性也容易理解：桥梁的车流量是有限的，千军万马挤着过一座桥，不是桥毁、人亡就是交通堵塞。对于第一类混合物品，既可从税收中划出资金，免费提供；也可以设置关卡，对过桥车辆收费。具体采取哪种方式，要按照成本—收益分析，看哪种方式成本最小，收益最大。当然，这里所说的成本和收益，不仅包括经济上的，还要从社会方面考虑。第二类是具有外部性的混合物品，比如医疗卫生保健。健康不仅是个人的事，而且事关民族兴旺国家强盛，所以，具有一定的外部经济性。因此，卫生保健一部分由政府提供，从税收中拿出一块来解决；另外，还有一部分向求医者收费，也就是说实行税费搭配，两种方式混合使用。

实践证明，政府收费具有不可替代的优点。比如，以前公费医疗曾大行其道，很多人有病没病就往医院跑，甭管有用没用的药，大包小包往家拎，甚至改头换面，将药品换作补品、洗涤化妆用品。花公家的钱，办自己的事，只讲效果，不讲节约。结果医药费开支居高不下，财政再也吃不消。可真要压缩了医疗费用，真正需要看病的人，又会病急难投医。现在实行医疗制度改革，政府提供一部分，谁看病谁交一部分，由于自己也要出血，很多人便会掂量掂量，不再去买一堆多余的药品了。类似这样的收费，对抑制过度消费、无端浪费，自然是好处良多。

若说收费带来的问题，也真的让政府头痛。有些部门手拿尚方宝剑，有恃无恐，四处伸手，漫天要价，甚至坐收坐支，账目不清。每年6000多亿的收费相当一部分没有上缴财政，反倒把小金库装得满满当当，车越坐越豪华，楼堂馆所越盖越高级，收费大军越来越庞大，明里暗里的津贴也越发越多。如此收费，还使得税费关系本末倒置，由于费收得太多，税基越缩越小，分给税收的那块蛋糕，分量不足成色也差，国家财政被挤对得捉襟见肘，有苦难言。

近年来，政府为整顿和改革收费办法，付出了很大的努力。比如对公安、工商、海关等26个部门，83项收费进行预算管理；采取收支两条线，对未纳入预算管理的政府收费实行财政专户管理；取消了一大批不合理的收费项目等等。还有一项重大的举措，便是费改税。提到费改税，我们要避免从费的极端走到税的极端。其实，费改税的目的，不是要将所有费都改为税，而是在清理的基础上进行规范。根据情况，一部分收费要坚决予以取消，如向企业的乱摊派、乱收费。一部分过高的收费标准要降低，如有些证照开出的天价。一部分应该保留，比如企业申请专利、个人办理出国护照、年轻朋友领取结婚证等的费用。再有一部分费，的确应改为税，纳入政府的税收体系。如对于纯公共物品收取的费用，像环境保护费、基础教育收费、城市绿化费、职工医疗保险基金等，由于具有税收的性质，应按照建立公共财政的原则改为税收的形式。

财政补贴有进有退

● 改革开放前，中国搞的是计划经济。国人对诸如物价、外贸等名目繁多的财政补贴可谓司空见惯，见怪不怪。既然是计划经济，关起门来过日子，补贴只是自己的家事，旁人也无可厚非。改革开放后，随着外资企业纷纷进入中国，财政补贴也就变得复杂起来了。

一个大家庭，父母有四个子女，老大老二比较宽裕，平日里总给老人买米买面，逢年过节，还会送些孝敬钱。老三和老四却经济拮据，不仅无力赡养老人，而且连孩子上学也供不起。老人看在眼里，疼在心头，于是拿出部分私房钱，贴补老三和老四。父母这种舐犊之举，拿到政府来说，就是财政补贴。

按照财政学的分类，财政补贴属于转移性支出。除财政补贴外，社会保障也归在转移性支出门下。它与财政补贴的相同之处，都是国家拿出一部分税收无偿转移给受益者，使受益者收入增加。但是，同样一笔钱，用于财政补贴还是用于社会保障，效果并不一样。我们知道，贫困者拿到政府的津贴自然是要消费的，这就引起需求扩大，物价上涨。但人们的消费习惯不同，有的可能今朝有酒今朝醉，钱一到手很快就花得一干二净，有的却会细水长流，恨不能一分钱掰成两半用。正因如此，用于社会保障的转移支出对市场价格的影响是间接的，不确定的。而财政补贴则不然，它会直接对市场的相对价格发生作用，从而改变资源配置结构、供给结构和需求结构，因此，又被称为价格补贴或者财政价格补贴。

以物价补贴为例，我国的财政补贴中，一半以上是物价补贴。当市场价格过低，农民增产不增收时，政府为保护农户利益，按保护价敞开收购粮食，实行的就是农产品物价补贴。实行补贴后，农产品的相对价格上去了，供给持续增加，就能够保证十几亿人口大国的粮食安全。同理，政府推出经济适用房政策，对低收入者给予住房补贴，那么房价相对下降，需求增加，刺激了房地产市场的发展，便能够拉动经济更快增长。所以说，要么是价格变动引起补贴，要么是补贴引起价格变动。二者互生互动，关系密切。

除物价补贴外，企业亏损补贴、财政贴息、税收补贴、进出口补贴等都是财政补贴的子项目。一些国有企业，若因天灾人祸或技术老化，使得利润低下，甚至亏本赔钱，按有关规定，可以获得企业亏损补贴。政府为减轻企业负担，对其贷款利息提供补贴，就是财政贴息。税收补贴就是税收优惠，指国家为了政策需要，对某些企业实行减税、免税、退税等税收扶持，如高新技术企业、三资企业、西部企业、乡镇企业、环保产业，都可以得到相应的税收补贴。为鼓励出口、挣取外汇，国家对出口企业或产品实行出口补贴。国内企业要进口某项产品，而国内又有相应的替代品，为扶持民族工业发展，凡生产或使用替代品的企业，可获得相应的财政补贴，这就使相关的国有企业比国外企业有了更多的价格优势。有人也将这种补贴称作进口替代补贴。

改革开放前，中国搞的是计划经济。国人对诸如物价、外贸等名目繁多的财政补贴可谓司空见惯，见怪不怪。既然是计划经济，关起门来过日子，补贴只是自己的家事，旁人也无可厚非。改革开放后，外资企业如雨后春笋在中国遍地开花。它们享受不了财政补贴，对此便忿忿不平。政府支持国有企业，特别像前面讲的出口替代补贴，对外资企业来说不免有失公道。既要照顾自家子女的难处，又不能怠慢了客人，于是，我国的财政补贴制度便做出相应调整。比方说，由明补变暗补，由直接补贴改成间接补贴，同时，对外资企业长期实行税收优惠。拿了人家的手短，吃了人家的嘴软，国内的外资企业不再牢骚太盛防肠断，而是遵守中国的规矩，风物长宜放眼量了。

如果说，对国内外资企业的不满，尚可变通操作，两边抹平的话，那么，入世后，这条遮遮掩掩的路也被堵上了。众所周知，我国入世谈判历时 15 年，与 37 个国家和地区达成了双边市场协议。透过这些复杂的条文，可以看出协议的严肃性：成员国的权利和义务写得明明白白，如有违反，严惩不贷。协议尤其强调了非歧视和公平竞争原则，并指出各国可以借助关税进行适当的贸易保护，但不公正的倾销和补贴等扭曲了价格和市场机制，是被禁止的。为此，WTO 专门出台《补贴与反补贴措施协议》。这些要求对转轨时期的政府而言，无异于一次洗脑，老革命碰到新问题，财政补贴就变得复杂起来了。

其实，WTO 并不是冰冷的高墙，不是要将所有的财政补贴不分青红皂白地全部拒之门外。借用交通规则中的“红灯停、绿灯行，黄灯等叫停”的方式，《补贴与反补贴措施协议》也将补贴分为三类：红箱补贴、绿箱补贴和黄箱补贴。红箱补贴又称禁止性补贴，针对价格补贴和进出口补贴，认为它们会严重扭曲价格机制，造成不公平竞争。绿箱补贴，即不可起诉补贴，这种补贴并不直接刺激生产，对价格和市场影响不大，成员国可以自由施行，其他国家也不能以此为由而采取反补贴措施。拿农业来说，绿箱补贴有产品研究、人员培训、技术推广、检验、农业基础设施建设、为保障食品供给的储存费用、自然灾害补贴、农业生产结构调整补贴、农业生产条件恶劣地区发展补贴等。

黄箱补贴，又称可诉补贴。它介于红箱补贴和绿箱补贴之间，指那些虽被禁止又能自动免于质疑的补贴。评判其是否合理，就看该项补贴是否使起诉的成员国利益受损，若利益受损就是不合理的，否则就是合理的。比方说，我国的农药、化肥价格高于国际市场价格，对这些生产资料进行价格补贴，并不会造成不公平竞争，也不会使成员国利益受损；有的国家耕地很少，或几乎没有耕地，向这些国家出口粮食时实行适当的补贴，出口商得了补贴，进口国享受低价，对当地农业发展影响不大。黄箱补贴基于互利互惠，只要贸易双方两厢情愿、心照不宣，世贸组织就不予过问。

我们常说，风险与成功同在，挑战和机遇并存。《补贴与反补贴措施协议》对我国的财政体制提出了挑战，也蕴涵难得的机会。按规定，红箱补贴得坚决取缔，不得马虎。但若财政补贴能因时而变，靠提高绿箱补贴和黄箱补贴的比重，亦可给民族企业施以援手，既符合 WTO 的规则，又能实现政府的良苦用心，如此有退有进，便能化被动为主动。例如，《补贴与反补贴措施协议》规定，研发人员经费可归为研究活动成本，通过提高研发人员比例，增加科研费用，可实现对企业的补贴。其他如加强基础设施建设、加大技术培训力度、增强对农产品的检疫、保护环境等措施，对于加快企业和行业的发展也有异曲同工之妙。

政府采购要防道德风险

● 古人云：敌不可纵，纵敌患生。为了防止政府采购中的道德风险，自2003年1月1日起，我国正式开始实行《政府采购法》。《政府采购法》规定的政府采购程序虽然复杂，但最核心的东西就四个字：公开竞争，目的在于将政府采购变为“阳光下的交易”。

据报道，我国有个沙洋县，在贫困县排行榜上有名，可政府花起钱来却大手大脚得很。2001年，该县财政收入1亿元，仅公务用车费用就达1000万元。更令人瞠目结舌的是，公务用车维修费用支出竟高达750万元，平摊到每辆车上，年维修费达2.5万元。按照有关规定，县级干部的“坐骑”标准，最高也不过四缸奥迪或者桑塔纳2000，县级部门和乡镇用车级别就更低。明眼人一看便知，维修费中有不少“猫儿腻”。不管是驾驶员拿了回扣还是管车的官儿得了好处，结果都一样：亏了公家，肥了个人。类似情形，不仅发生在沙洋县，其他地方也不同程度存在。古人云：敌不可纵，纵敌患生。为了防止政府采购变成无底洞，自2003年1月1日起，我国正式开始实行《政府采购法》。

现实生活中，两口子居家度日，往往有一个人掌管财权，家里的大小开销，由他（她）拍板定夺。当然，钱是两个人挣的，另一位家庭成员也要参与意见，有时钱花得不是地方也会发几句牢骚。不过，尽管有时花了冤枉钱，也绝不会是主观故意，因为花自家的钱，办自家的事，谁不想省几个是几个。政府提供公共产品和服务也需要大笔开销，在市场中，政府也是一个大买家。政府花起钱来与前面讲的两口子买东西可大不一样。财政主要来自税收，政府花亿万纳税人的钱，为公众办事，这里边有一层委托—代理关系。再往细里说，财政部门虽掌管国库，却不能事无巨细，事必躬亲，否则不仅跑断了腿还会耽误事。往往是有关部门根据需要，列张清单，向财政部门提出申请，购买物品、劳务后再交给财政部门审查核实。在这“早请示晚汇报”的过程中，又有了一层委托—代理关系。作为商家，自然是有买卖就做，没发财机会创造机会也要做。他们只需把具体经办人搞定，就能不尽财源滚滚来。世人爱财，银子从手中过，又有机会，谁能不动心？具体从事采购的单位和个人，瞒天过海，借机吃些回扣，也就在情理之中了。

经济学认为，上述委托—代理双方信息是不对称的。比如，政府和纳税人之间，纳税人虽然双手捂着腰包，两眼盯着政府，可政府能否少花钱多办事，把每分钱都用到刀刃上，纳税人难以得知，而且，大家都要为生计奔波，守法经营照章纳税就得了，至于政府具体如何开销，很少有人咸吃萝卜淡操心。再看财政部门和采购部门，前者虽然事前把关，事后监督，无奈摊子太大，虽然恨不能多生出一对眼珠子，却也免不了被一些单位偷梁换柱，蒙混过关。而具体经办单位和个人就有了与厂商暗箱操作的机会，于是，一方狮子大开口，伸手要好处；另一方跑“部”前进，大搞金钱公关，双方一拍即合，生意成交，经济学将其称为寻租。当然，也有党性觉悟高拒腐蚀永不沾的，但毕竟靠的是党性维系而不是靠制度约束。因此，经济学认为，在委托—代理关系下，存在着“道德风险”。

我们现在来看，政府采购如何防范道德风险。政府采购又称公共采购，或统一采购，指各级政府机关按照一定程序采购商品和服务。我国《政府采购法》规定，政府采购要分十步走，依次是：拟定采购计划、预测采购风险、选择采购方式、进行资格预审、执行采购方式、签订采购合同、履行采购合同、验收采购合同、办理资金结算、进行效益评估。这么复杂的程序，其实最核心的东西就四个字：公开竞争。《政府采购法》是明令颁布，人人可查的。采购活动、采购程序也要公之于众。按照国际通行做法，政府采购要采取竞争性招标方式进行。也就是说，在政府采购过程中，对供应商不能厚此薄彼，带有倾向性，国内投标人与国外投标人同等待遇，没有亲疏，所有的投标人获得的信息相同，开标的尺度相同。这一招可谓抓住了要害，过去，厂商之间的竞争是看谁的门路多关系硬，谁能拿出更多的好处，把各路财神爷侍候好。现在，厂商之间的竞争就变成谁能拿出更优质的产品和服务，给出更低廉的价格，把标的拿下。公开、公平、公正，将政府采购置于阳光之下，暗箱打开了，戏法变不成了，公众一目了然，心如明镜，所以如今政府采购被称为“阳光下的交易”，可以说是名实相符。

在我国，政府采购的主管机构是财政部，它负责全国政府采购的管理和监督；各地区采购的主管部门是当地的财政部门，负责管理和监督本地区的政府采购。采购工作的实施部门就是采购机构。目前在我国，很多采购机构和管理机构合二为一，都设在财政部门。政府采购中的中介组织，是指具有招标能力并获得招标资格的机构。至于供应商，就是产品和服务的提供者。只不过与一般招标相比，政府采购更重视对供应商的资质审查，仅仅满足技术要求是不够的，还需要符合环保达标、按时纳税等要求。

《政府采购法》实行之前，我们曾先后制定了《政府采购管理暂行办法》、《政府采购招标投标管理暂行办法》、《政府采购合同监督暂行办法》、《政府采购资金管理暂行办法》等，政府采购范围，从最初的货物逐步扩大到工程及服务领域。其中货物采购，也从公务用车扩展到计算机、办公用品、电器等；工程采购，范围也越发扩大，市政工程、建筑材料等都在其中；至于服务领域，更是名目繁多，涵盖会议安排、车辆保险、车辆维修等项目。实行政府采购后，财政资金使用效率大为提高。以 1998 年为例，当年地方政府采购规模为 31 亿元，通过政府采购节约 4 亿元，平均下来，资金节约率为 13.38%。《政府采购法》的实行进一步将政府采购纳入了法制化轨道。

尽管如此，政府采购却并非尽善尽美，仍存在一些亟待解决的问题：我们的很多采购机构仍然是财政部门本身，自己管理自己，自己监督自己，很难杜绝监守自盗现象发生。要结合机构改革，尽快完善监督、制约机制。从法律角度看，发达国家采购立法已成体系，我们现在仅有一部采购法还远远不够。比如，对采购管理人员和从业人员资格需要立法，对供应商准入也要立法等等。此外，还有如何既公开招标、公开竞争，又保护好民族工业的问题。美国曾专门制定了《购买美国产品法》，在电信领域，美国政府的采购便迟迟不对欧盟开放，用中国的老话讲，就是肥水不流外人田。不过，这还得在遵守 WTO 规则、遵照国际惯例的前提下好好动一番脑筋。

税收概览

取用有道话税收

税制“三加三”模式

理性看待税收负担

税制结构各有千秋

独具特色的税管体制

避免国际间双重课税

取用有道话税收

● 在纳税人眼里，税收不像含情脉脉的少女，更像铁面无私的硬汉。所以如此，这是由税收的特性决定的。古往今来，税种繁多，不一而足，但其根本特征却大致相同。从事税收理论研究的人常说，税收有三性，即无偿性、强制性和固定性。

对于税收，人们并不陌生。企业开工点火，公司开张营业，股民买卖股票，消费者购房买车，儿女继承遗产，都免不了和税收打交道。可税收五花八门，普通百姓难免雾里看花、不明就里。有时还会觉得交税太多，骂几句粗话。于是就有人追本溯源，对税收的来龙去脉加以考证，并对税收政策评头品足。

汉朝学者许慎写了本《说文解字》，把“税”字一分为二，做了番考究。他认为，“税”字左边是“禾”，右边为“兑”，“禾”指的是农作物，“兑”是交换的意思。那么顺而推之，“税”的字面意思，就是农民交纳粮食，用来换取国君对其土地和人身安全的保护。照这样理解，税收发端于农耕社会。根据中国民间传说，早在五千年前神农氏时期，税收就产生了。当然，这只是一种看法。另一种更广为人们接受的观点，税收与国家相伴而生，自打国家出现，税收就走进了社会生活。我国第一个奴隶制国家——夏王朝建立于公元前21世纪，夏朝的“贡”，即田赋，税率为农作物总收成的十分之一，这种后世诸朝纷纷仿效的“什一税”被认为是我国税收制度的鼻祖。

在纳税人眼里，税收不像含情脉脉的少女，更像铁面无私的硬汉。所以如此，这是由税收的特性决定的。古往今来，税种繁多，不一而足，但其根本特征却大致相同。从事税收理论研究的人常说，税收有三性，即无偿性、强制性和固定性。列宁认为，“赋税是国家不付任何报酬而向居民取得的东西”。这里所说的不付报酬，指的就是税收的无偿性。至于税收的强制性，也不难理解：税收并非自愿行为，交与不交、交多交少，由不得纳税人自己说了算。税法面前人人平等，不管达官显贵，还是平民百姓，倘若无法无天，偷税漏税，都难逃法律的惩处。我国刑法规定：“以暴力、威胁方式拒不缴纳税款的，处3年以下有期徒刑或者拘役，并处税款1倍以上5倍以下罚金；情节严重的，处3年以上7年以下有期徒刑，并处拒缴税款5倍以下罚金。”税收的无偿性和强制性，是针对具体纳税人而言，而税收的固定性，却是对收税方即政府提出要求。政府必须专门立法，对征税范围、征收比例等做出明文规定，税法如山，应保持相对稳定，决不能朝令夕改，巧立名目，随意收税。

税收独有的特性，使它在财政诸收入中卓然独立，清晰可辨。拿税与费相比较，税收具有无偿性，即无偿征收。而费却不同，它是一方提供劳务或资源使用权，对方相应付出代价。国家为企业和居民提供特定服务，或者履行特定职能，理应相应收取费用，如环保部门收取的排污费，城建部门收取的地段租金，石油部门收取的矿区使用费等。费的特点是有偿收取，仅此一条就与税收划清了界限。税收与国债之间，也是泾渭分明。国债，不管是内债还是外债，终归是债。欠债还钱，天经地义。尽管国债表现为该时期的财政收入，但它必须用以后的收入偿还，就此，马克思做过精辟的比喻，他形容国债为“税收的预征”，也就是寅吃卯粮。与国债相同，税收也表现为财政收入，只不过它可以一收了之，无需偿还。

税收的无偿性，并不意味着只进不出，只收不支。税收取自千百万纳税人，最终又花在社会公众身上，正所谓取之于民，用之于民。税收用途，不是任意为之而是大有学问。经济学有一个“看不见的手”原理，讲的是市场像一只看不见的手对资源配置起基础性作用。但市场这只手并非万能，也有力不能及的地方。为弥补市场失灵，必须借助一只“看得见的手”，即由政府纠正市场偏失，加强宏观调控。税收便是政府调控经济的一把利器。比如，对弱质产业、基础产业、新兴产业，实行政策优惠，调低税率，能够引导资源流向，对相关产业起到鼓励、保护、扶持的作用。

作为一种财政政策，税收在稳定经济、调节总供求平衡中也表现不俗。20 世纪 70 年代，美国经济深受滞胀困扰。经济学家拉弗在白宫的一次宴会上即兴在餐桌上画了一条开口向下的抛物线，表明了税收与税率的关系：当税率为零时，税收自然为零。当税率上升时，税收额逐渐增加。当税率增加到一定程度，税收额达到抛物线顶点，这就是最佳税率。如进一步提高税率，企业觉得无利可图，会减少生产，税收额将相应减少。拉弗把超过最佳税率点的部分称为禁区，当税率进入禁区后，降低税率是政府刺激生产从而增加税收的惟一可行政策。

除了稳定经济外，税收还有调节收入分配的作用。市场经济崇尚效率而不考虑公平。自由竞争的结果，往往导致收入差距拉大。通过税种设置，可以在一定程度上人为地缩小收入差距。以个人所得税为例，它按照支付能力收税，高收入者多交税，低收入者少交税，这种近似“杀富济贫”的做法，在一收一放之间使公平有了立足之地。

公平和效率是税收的两大原则。公平原则内含两个次原则，一是受益原则，一是纳税能力原则。所谓受益原则就是受益多，交税多；受益少，交税少；受益相同，税收相同；受益不同，税收不同。纳税能力原则要求两个公平：横向公平和纵向公平。前者指纳税能力相同的人，须缴纳相同的税；后者指纳税能力不同，缴纳税收不同，说起来，很有些见人下菜碟的味道。税收的第二大原则是效率原则。提高税收效率，一要使税收的征管费用最少，二要令征税产生的额外负担最小。税收的征管费用，一般包括征税的行政费用，以及纳税者因纳税产生的费用。税收部门征税费用、司法部门提供劳务折合的费用等，都属于行政费用。因纳税产生的费用，包括很多内容，譬如，纳税人付出的咨询费、填表的费用和时间等。

效率原则的第二项内容，即额外负担，需要做些解释。小张是个典型的股民，惟一的工作是炒股。可是国家政策有变，大幅提高股息税收，盘算一通后，小张很可能把股金转化为消费，逃离股市。这种因为开征某种税收，对个人或企业的抉择产生影响，就会产生额外负担。当然，没有哪种税不产生额外负担，因此，效率的原则中，提法为“额外负担最小”而不是为零。实际上，作为税收的两大原则，公平与效率，常常存在矛盾，就像跷跷板一样，压低了这一头，便很容易抬高另一头。而一个高明的政府恰恰就是驾驭制衡的高手，他们努力在公平与效率中寻找到恰当的均衡点，以便把税收的积极作用发挥到极致，同时，尽可能把税收的负面影响降到最小。

税制“三加三”模式

● 征税对象、纳税人、税率，是税制的三大基本要素如果说，税制基本要素，搭建成税制的筋骨，那么三个一般要素，才使税制血肉丰满，臻于完善。三个一般要素包括纳税环节、纳税期限和减、免税。基本要素与一般要素，统称为税制的“三加三”模式。

喜爱京剧的朋友，对京剧表现手法如数家珍：生旦净末丑，唱念做打舞，异彩纷呈，美不胜收。无独有偶，税收制度也是诸多要素的集合体。各国税制，无一例外，都采取“三加三”模式，由三种基本要素、三种一般要素构成。征税对象、纳税人、税率等“三大件”是税制的基本要素；纳税环节、纳税期限和减、免税，则构成税制的一般要素。正所谓万变不离其宗，税法内容会因国而异、因税而异，但税制的“三加三”模式，既不因社会制度不同而异，也不会随经济条件变化而改。

税制的三种基本要素，用陈述方式来说，是征税对象、纳税人和税率；倘若换种说法，用疑问句表述，就相应成为：对什么征税、向谁征税、征多少税。其中，对什么征税是区分各税种的分水岭。比如，消费税是对消费品课税；房产税，毫无疑问，是对房产征税。征税对象不同，税种名称不同，税种性质不同。同一征税对象又涵盖很多具体品种，这些品种，专业术语叫税目。以消费税为例，它下设 11 个税目，分别是烟、酒和酒精、化妆品、护肤护发品、贵重首饰和珠宝玉石、鞭炮焰火、汽油、柴油、汽车轮胎、摩托车和小汽车。列入税目就成为应税品，反之，在税目之外，即使本身属于征税对象，也不作为应税品。比如茶叶，它本身是一种消费品，但由于没有在税目内，就无须交纳消费税。

向谁征税（纳税人），是税制的第二大基本要素。它界定了谁交税，以及违反纳税义务后由谁承担责任。能够成为纳税人的在法律上有两类，一为自然人，一为法人。所谓自然人，就是有民事行为能力的普通人，即通常所说的个人。法人，是相对自然人而言，它是社会组织的拟人化，是有民事行为能力的组织，比如，企业、社团等。在实际操作中，纳税人并不直接去交税而是由单位统一上税。譬如个人所得税，相当一部分不是由纳税人跑到税务机关缴税，而是由其所在单位代扣代缴。纳税人所在的单位是扣缴义务人，它并不是纳税义务人，通俗讲，就是纳税人和税务部门间的桥梁，过路财神而已。还有一个概念有必要澄清，那就是负税人，负担税收的人，它依据税种不同，面目不同。它有时候等于纳税人，例如所得税的情况，纳税人自己负担。但是在很多情况下，纳税人与负税人并不耦合。举个例子，流转税（消费税、增值税、营业税等），纳税人是企业，但企业却可能把相当一部分的流转税负担通过商品加价转嫁给消费者，很多情况下，负税人本应是企业，却往往由消费者做了冤大头，纳税人（企业）却堤内损失堤外补，落了个一身轻。

第三个要素就是税率。它作为税额计算尺度，不仅关系国家财政收入，而且关系纳税人负担水平。正因为此，税率成为税收制度的中心环节。我国现行税率共有三类：比例税率、累进税率、定额税率。比例税率在具体运用上又变换为三种，即单一比例税率、差别比例税率、幅度比例税率。对于一个税种，只适用一个税率，就是单一比例税率，目前在我国，企业所得税的税率采用这种形式，统一规定为33%。至于差别比例税率，应用很广泛，它可以依据产品不同设置差别，例如，在现行消费税中，摩托车税率为10%，而化妆品为30%；另外，行业不同，税率不同，营业税税率设计，依据的就是行业，税法规定，交通运输业税率为3%，而服务业为5%；除此以外，还有依据地区制定不同税率的情况。比较常见的是农业税，各省、自治区、直辖市，其农业税税率，可以有所差异，黑龙江为19%，新疆为13%。在单一比例和差别比例外，还有幅度比例税率，它仍采用比例方式，但规定了最低和最高税率，至于在幅度范围内，选择多少，主动权就交给地方了。营业税中，对于娱乐行业的税率就是这一类，幅度为5%—20%。我国现行税率第二类是累进税率，累进二字，传递出这样一个信息：税率层层加码，水涨船高。即征税对象所得越多，纳税比率也越高。各种所得税，一般采用累进税率。与比例税率、累进税率平行存在的是定额税率，也称作固定税额。比如，在北京，自行车车船使用税，每年为4元，并不区分何种自行车。

如果说，税制三大基本要素，三足鼎立，搭建成税制的筋骨，那么，正是有了三个一般要素，才使税制血肉丰满，臻于完善。三个一般要素包括纳税环节、纳税期限和减、免税。商品从生产开始到最终消费，要经历采购、批发、零售等很多环节，商品就像是接力赛运动员一般，从生产环节跑到商业采购环节，再沿路经过批发、零售等，最终到达消费者手中。纳税环节，指的是在哪里交税。根据纳税环节多少，分为一次课征税、两次课征税、多次课征税。以一次课征税为例，资源税中盐税的征收在盐出场环节，这就是典型的一次课征税。确定纳税环节，其实就是确定在哪个或哪些环节征税。

至于纳税期限，亦即纳税的最后时点，它包括时间界限或时限区间，这是因为，税款有按期缴纳的，如营业税，税法规定，可以以 1 天、3 天、5 天、10 天、15 天、1 个月为一期；也有按次缴纳的，比如印花税，它要求在每次应税行为发生后缴纳。但不管按期，还是按次，在规定时点前交纳，都合法；只要跨过规定时点，就是违规行为，需要受到处罚。

减、免税规定与纳税环节、纳税期限一道，构筑了税制的一般要素。按照具体内容划分，减、免税可分为政策性减免税、照顾困难减免税；根据时间，又区别为长期减免税、定期减免税。至于按照计算程序和方法，就定义为直接减免和间接减免。直接减免，先依据正常情况计算出税额，之后按照一定标准减免；与直接减免顺序相反，间接减免，它先从征税对象总额中扣除一部分，剩余部分再按正常税率计征。

判断税收制度是否设计科学，一个重要的标准是看税收负担是否合理。税制设计不科学，脱离实际，首先会从税收负担方面表现出来：要么税负过重，压得纳税对象喘不过气；要么税负过轻，税收征缴不足；

要么厚此薄彼，税负分配苦乐不均。实际上，基本要素也好，一般要素也罢，如果设计得当都会发挥四两拨千斤之效。反之，设计不当，搭配不合理，轻则形同虚设，不能发挥税收的作用，重则适得其反，出现“恶税”、“歧视税”等不合理现象，影响纳税对象的积极性。

理性看待税收负担

● 不管是纳税一方，还是收税一方，都会关注税负轻重问题。纳税人自然希望税种越少，税率越低越好。而政府既不能让财政入不敷出，债台高筑；也不愿因税负过高，造成经济萎缩，税源枯竭。衡量税负轻重的标准：通常是指税收金额占课税对象的比重，即税收负担率。

史书记载，孔子带弟子出游，途经泰山，见一少妇在坟墓前痛哭。师徒便前往问个究竟。少妇说："昨天我的儿子被老虎咬死了。我的公公也是被老虎咬死的，更早以前，丈夫一样是被老虎咬死的。"众人问："你为何不离开这是非之地?"少妇回答："这里虽然危险，可没人来收苛捐杂税。"孔子于是叹道："苛政猛于虎!"意思是说，政治昏暗，税负苛酷，比老虎还要可怕。的确，历代贤明的君主、有识之士，为了国家的长治久安都是很重视轻徭薄赋的。

自打有税收起，税收负担便如影随形，两不分离。道理不言自明，税收是强制征收的，国家从纳税人手中无偿取得收入，对纳税人而言，自然是一种经济负担，经济利益必然受损。税收负担有许多种，从纳税人的角度区分，有居民个人税负、企事业单位税负；从税制结构考虑，相应分为流转税税负、所得税税负等；从税负的实际归属划分，可分为名义税负和实际税负。名义税负，是税法规定的税负；而实际税负，指纳税人的最终税负。两者并不一定相等。比如，政府向厂商收税，而厂家又通过商品提价，把一部分税负转嫁给消费者。这样，厂家的实际税负将大大低于名义税负。

不管是纳税一方，还是收税一方，都会关注税负轻重问题。纳税人自然希望税种越少，税率越低越好。而政府既不能让财政入不敷出，债台高筑；也不愿因税负过高，造成经济萎缩，税源枯竭。衡量税负轻重，有两种标准：绝对数标准和相对数标准。绝对数，指的是税收负担金额；而相对数，是税收金额占课税对象（所得、收入、财产等）的比重，也就是税收负担率。与绝对数相比，相对数更易于比较课税对象税负高低，因此，被政府作为研究、制定、调整税收政策的主要依据。在实际应用中，税收负担率可以变换为很多指标，主要可分为宏观（总体）指标和微观（个体）指标两类。宏观税负以社会总产出来计量。目前，国际上通行两种总量指标，即国内生产总值（GDP）和国民收入（NI），因此，税收负担率总体指标就有两个，一是国内生产总值税收负担率，一是国民收入税收负担率。

国内生产总值税收负担率，是一定时期（通常是一年），一个国家税收总额占同期 GDP 的比重。而国内生产总值，包括所有产品和服务。因此，国内生产总值税收负担率，反映所有产品和服务负担税收程度，它有大中小三个衡量口径：大口径，是政府收入在 GDP 中的比例；中口径，则是财政收入占 GDP 比例；而小口径，指的是税收收入在 GDP 中的比重。第二个宏观指标，国民收入税收负担率，它是税收总额占国民收入总值的比例。国民收入，与国内生产总值不同，它指的是一个国家，在一定时期内物质生产部门新创造的价值。由此，国民收入税收负担率，反映了新价值的税负程度。从这个层面看，国民收入税收负担率比起国内生产总值税收负担率，更能说明国家的积累情况。

与宏观指标相对，微观指标专注于个体和细节，它看问题的角度，是单个纳税人、单个税种的税负。在没有税负转嫁，即直接税的情形下，采用纯收入直接税负担率表示，它是个人税负占纯收入的比例。此外，还可用全部税负率（总产值税负率、增加值税负率、净产值税负率等）作为参考性指标。倘若存在税负转嫁，必须清楚一点，全部负担率决不是实际负担率，它只是相对负担率。

本文开头讲的“苛政猛于虎”的典故可谓是制定税收政策的前车之鉴。税收负担的高低，绝不能随意为之。确定税收负担率，一般要考虑两方面因素：经济因素和税制因素。经济因素包罗万象，涉及经济生活的方方面面，经济社会发展水平、国家财政收支状况、宏观经济政策、对外经济贸易情况等，都在其列。以经济社会发展水平为例，世界银行的调查资料表明：经济越发达，人均 GDP 越高，社会供给越充分，税基也越宽泛，纳税人税收承受能力越高，税收负担越高。再以宏观经济政策为例，倘若经济发展速度畸快，政府往往会采取紧缩政策，提高税负水平，防止经济过热；反之，内需不足，投资增长乏力，便要考虑降低税负，扩大需求。也就是说，税收政策要“逆经济风向”行事。影响税负的第二个因素是税制因素，包括税收征管水平、纳税人法制观念等。一个国家，假如税收征管水平低，那么，在制定税收政策时，就需要考虑清楚，税种、税率设置是否恰当，能否做到应收尽收。否则，开征的税种只是“聋子的耳朵——瞎摆设”，该收的税征不上来，不仅落下个“税太多”的埋怨，还会直接影响国家财政计划。

从事税收研究的学者大多认为，税收政策的核心是税收负担。在一定意义上讲，税制的设计就是税负的设计。英国经济学家哥尔柏说：“税收这种技术，就是拔最多的鹅毛，听最少的鹅叫。”此话不免有几分揶揄，但却形象地说明，制定税收政策必须在国家财政需要、纳税人负担能力之间，寻找一个合适的平衡点。税负过高，虽然国家财政有保障，但纳税人的工作积极性会受到挫伤；反之，税负太低，纳税人双手赞成，但国家财政收入又没了着落。这个平衡点就是合理负担点。税负设计的另一个原则是公平税负。所有纳税人，处在同样的税收环境，享受同等的税收政策，这就是公平税负。如果，有些企业或个人游离在税收之外，或者同是纳税人待遇不同，就缺少公平可言。

对中国的税负问题，学界见仁见智，各执一端，从未停止争论。从统计数字看，我国财政收入占 GDP 的比例，从 20 世纪 80 年代起，一直呈下降趋势，1985 年，这个数字为 28%；1993 年，降为 16.85%；到 1995 年，更是达到历史最低，只有 10.6% 。有资料显示，发达国家其税收收入至少在 GDP 中占 15% 以上，以 1994 年为例，澳大利亚为 28.9%，法国为 39.4%，意大利更是达到 39.7%。这样看来，我国税收收入在 GDP 中比例偏低。针对于此，从“九五”开始，我们开始加强税收征管，税收收入也渐渐走高，到2000年，税收收入占GDP的比重上升为14%，这个数字还有进一步升高的趋势。对此，很多学者提出，对中国的实际税负要进行理性分析。因为，税收收入是铁板钉钉，实实在在的数字，而中国的GDP，由于种种原因，却一直含有大量的水分，存在高估的问题。也就是说，在税收收入与GDP的比率公式中，分子不变，而分母的数值却应该从低计算。这样一来，中国的税收负担就会大大高于现有统计数值。在内需不足、经济紧缩的背景下，科学分析中国的税收负担水平，合理降低税负，应该是政府认真思考的重要课题。

税制结构各有千秋

● 根据主体税种的不同，税制结构有三种不同类型，即单主体税的税制结构、双主体税的税制结构、多种税并重的税制结构。不管是哪种类型的税制结构，都包括税收大类和具体税种。分类依据不同，税收类型也会差异很大。

如果把税制比做一个大家族，那么税制结构，就像是家族血缘关系图。它清晰明白地说明，在这个税制家族中，有多少税收大类，各大类中又细分为哪些税种以及各税种的地位及相互关系。

一个大家庭虽然子女众多，但通常会有一个或几个孩子是家里的顶梁柱、主心骨。在税制结构中，主心骨称为主体税种，它在税制结构中居于主要地位，起主导作用，税收收入高。根据主体税种的不同，税制结构又有三种不同类型，即单主体税的税制结构、双主体税的税制结构、多种税并重的税制结构。顾名思义，单主体税的税制结构，以一种税为税收主体，比如所得税为主体的税制结构、流转税为主体的税制结构、财产税为主体的税制结构等等。说到双主体，丹麦、德国、荷兰、爱尔兰、波兰、巴西等国家，包括我国，实行的就是这种结构。以上这些国家中，这两个主体分别是流转税和所得税。至于多种税并重，目前倒是少有国家采用。

国家的经济发达程度，对其税制结构影响甚巨。一般而言，在发达国家通常是所得税为主体；而在发展中国家则以流转税为主体。各国税收实践表明，随着人均国民生产总值的提高，所得税在全部税收中比重会同步上升，而流转税则会同步下降。据统计，目前有 39 个国家以所得税为主，所得税在税收总收入中，遥遥领先，稳坐头把交椅。这些国家主要是经济发达国家。同时，伴随着社会保障制度的日臻完善，社会保障税这个昔日不显山、不露水的税种，在税制体系中也渐渐跃进为主体税种之一。而在发展中国家，流转税还贵为主体。有数字显示，在 130 个国家中，有高达 89 个国家（主要是发展中国家）以流转税为第一大税种。比如我国，流转税占我国税收总额的 70%以上。

以所得税为主体的国家，其个人所得税又是重中之重。其主要原因是发达国家个人收入较高。在这些国家，相当一部分采取了高额的多级累进税率，以发挥税收的双重作用：既增加政府的财政收入，又调节社会的再分配。应该说，个人所得税征缴难度相对较大，要做到应收尽收必须有完善的制度作保障。经过多年苦心经营，发达国家已经建立了完善的个人信用制度，个人所得税征收细致严密，惩罚措施严厉。2001年11月，意大利总理贝卢斯科尼被正式起诉就是由于他名下的菲宁威特集团涉嫌偷税漏税。连总理都因个人所得税吃官司，恐怕没人吃了熊心豹子胆敢跟税法较劲。

经济和社会的发展，把所得税推到了显赫高位，这并不意味着所得税为主体的税制结构就完美无缺，也并不能说商品税为主体的税制结构就一无是处。所得税为主体，主要针对所得征税，毫无疑问，它具有突出的优点，即税收公平。众所周知，所得税是一种直接税，税负不易转嫁。而且，它以所得为课税对象，所谓所得，指的是净收益，这相当于没收入不上税，少收入少上税，多收入多上税，它体现着量入定出的原则，可以据此调节收入差距，这无疑就是公平。当然，除了公平，它还发挥着重大的敛财职能，经济的发展使个人收入、集体收入更加殷实，针对个人所得的税收也会水涨船高，为国家财政源源不断输送财富。但这种税制结构也是瑕瑜互见。不难想像，征收高额累进的所得税，纳税人会心下盘算，虽说多努力多收获，但收获越多，上税比例越高，有些人会认为，与其选择勤奋，但被税收征走一大部分，不如见好就收，点到为止。如果人人心存此念，经济的发展就受到影响。因此，关于所得税公平和效率的得失，历来争论不断。

再来看商品税为主体的税制结构，也是有利有弊。有利处在于针对商品征税，税基宽泛，税源稳定；但在这里也隐藏着它的弊端，即不管是否盈利，只要涉及商品，就按照相关税种收税，对于税收公平显然是不利的。如果把累进的所得税称为杀富济贫的话，那么，不管收益程度的商品税就有不分轻重一刀切的毛病，对经营困难的纳税对象而言，不免有落井下石之嫌。

不管是哪种类型的税制结构，都包括税收大类和具体税种。分类依据不同，税收类型也差异很大。最常见的分类依据是按照性质和作用确定归属。在这种划分依据下，税收大类分别是流转税类、所得税类、财产税类、行为税类、资源税类、特定目的税类、农牧业税类等。

所谓流转税类，是以流转额为课税对象。在我国现行税制中，流转税家庭成员有：增值税、营业税、消费税、关税。所得税类也叫收益税，课税对象为各种所得额，包括企业所得税、个人所得税、外商投资企业和外国企业所得税。财产税类包括三项：房产税、城市房地产税、遗产税（我国暂时没有开征）。有一类比较难理解的是行为税。这里的行为不是一般意义上的行为，是针对特定行为征税，其目的是体现特定政策的要求。在我国税收大类中，行为税类家庭子女最多，共有八个，它们分别是车船使用税、车船使用牌照税、船舶吨税、印花税、屠宰税、筵席税、契税、证券交易税（目前尚未立法开征）。至于资源税类，当然是针对资源开发征税，这些资源包括原油、天然气、煤炭、金属矿产品和非金属矿产品以及城镇土地，按照目前的税制，资源税类家庭只有两个成员，它们分别是资源税和城镇土地使用税。容易与行为税类混淆的是特定目的税类，主要包括城市维护建设税、耕地占用税、固定资产投资方向调节税（目前暂停征收）、土地增值税、车辆购置税、燃油税（未开征）、社会保障税（还没有立法开征）。这些税种的出现是为了达到特定目的，它针对的也正是特定对象，如土地等。最后一类，农牧业税类，包括农业税（含农业特产税）和牧业税两种。

正如政府机构改革一样，在不同时期有不同部门；不同时期，职能不同。我们的税制结构，也不是一成不变的，而是因时而变，例如，国家正在酝酿适时出台燃油税、社会保障税等，也适应时代变化，暂停了固定资产投资方向调节税等。再有，本世纪初，车辆购置税被列为流转税类，可后来成了特定目的税类的家庭成员。而原来与流转税类、所得税类平起平坐的关税却被划入流转税类等，类似情况不在少数。在可以预见的未来，税制结构会一再调整，但不管怎样调，往好的方向走是可以肯定的。

独具特色的税管体制

● 实行市场经济的国家，在集权与分权，中央与地方政府之间的关系上，都曾经过反复探索和实践，形成了适合自己国情的税收管理体制。中国的税收管理体制，可以概括为四句话，十六个字，那就是：税权集中，分权有度，统分结合，分级管理。

公元前221年，秦灭六国，建立了大一统的封建王朝。为确保政令畅通，秦朝一改分封制的弊端，实行中央集权制。政府机构分为两层：一为中央政府，一为地方政府。地方政府又分两级，郡下设县，各司其职，权限明确。秦朝的政权模式和运行方式，影响中国历史两千多年。时至今日，中国的税收管理体制，其核心内容，便是在中央和地方政府之间，建立一套税收立法、执法、管理权限划分的行政规范。

中国的税收管理体制，可以概括为四句话，十六个字，那就是：税权集中，分权有度，统分结合，分级管理。税权集中，讲的是税收立法和税收政策，掌握在中央政权机关手里。在我国，税法和税收政策出自六家：全国人大及其常委会、国务院、财政部、国家税务总局、海关总署、国务院关税税则委员会。这六家的分工各有不同：全国人大及常委会负责制定税收法律；国务院负责制定税收行政法规；其他几家负责制定税收的部门规章。当然，中国幅员辽阔，省情、区情大不相同，税收立法，既要按照“税权集中，税政统一”的原则，防止法出多门，政令不一，又要避免脱离实际，搞“一刀切”。因此，法律也规定，省、自治区、直辖市人大及常委会、省级人民政府，在不与国家的税收法律、法规相抵触的前提下，可以制定某些地方性的税收法规和规章。不仅如此，很多税收法律、条例中，也把税率确定、减免税等权力下放给地方，由他们根据自己的实际情况，自行予以确定。

从事法律工作的，大都熟悉这么几句话，有法可依，有法必依，执法必严，违法必究。再好的法律，如果仅写在纸上，没人执行，或者执法力度不够，也是聋子耳朵，全无用处。在我国，税收执法机构有三家：财政部、国家税务总局、海关总署。它们都在国务院领导下开展工作，分工明确，各司其职。财政部的特点是抓宏观，把税收与国家的财政政策，通盘加以考虑；国家税务总局，是国内税收的大总管；海关总署则主外，依据《海关法》和《进出口关税法》，征收关税，监督货物进出口，打击走私，同时，对进口环节增值税、消费税，予以代征。由于涉外税收关系重大，头绪较多，国务院还成立了议事协调机构——关税税则委员会，负责关税的审定、审议等相关事宜。

实行市场经济的国家，在集权与分权，中央与地方政府之间的关系上，都曾经过反复探索和实践，形成了适合自己国情的税收管理体制。根据中央地方税权划分不同，税收管理体制呈现出三种类型：集权型、分权型、集权与分权兼顾型。实行集权型税收管理体制的国家，税收立法权、征收权、管理权，全部收归中央政府，地方政府有些小小的管理权限，但并没有税收征收人员。比较典型的是法国，它虽实行中央、省、市镇三级分税制，但中央政府事无巨细，事必躬亲，地方政府则权小力微，少有作为。分权型体制的代表是美国，作为联邦制国家，美国政府机构分三级，即联邦政府、州政府和地方政府。在税收管理上，州和地方政府，具有很大的自主性。不过，地方政府没有税收立法权，它的立法权主要在州政府。如果说，集权体制和分权体制，南辕北辙，泾渭分明的话，集权与分权相结合的混合型体制，则是兼容并蓄，合二为一。发达国家如日本、德国等，是混合体制的忠实信徒。我国的税收管理体制，既有一般混合型体制的特征，又具备自己鲜明的特点。这在“统分结合，分权有度”中得到了充分的体现。

但是，要做到统分结合，分权有度，又谈何容易。计划经济体制下，中央政府说一不二，令行禁止，地方政府言听计从，抓好落实便万事大吉。现在搞市场经济，既要维护中央权威，扩大中央财政收入，又要发挥地方的积极性，让地方财政既能吃饱饭，又能搞建设。这个度，便很难掌握。改革开放头十几年，我们搞了财政包干，分灶吃饭，结果地方收得多，中央收得少，问题越积越多。1994 年，国家正式实行了分税制，才开始进入统分结合，分权有度的良性循环。

所谓分税制，简单地说，就是按税种划分中央和地方税收收入的一种财政体制。实行分税制，要求按照税种实现“三分”，即分税、分征、分管。其中，分税就是按税种划分各级财政收入，这一过程等于切蛋糕，涉及方方面面的利益，最为关键。国际上分税有完全和不完全两种形式：完全形式就是将蛋糕分为两块，一块归中央，一块归地方；不完全形式就是将蛋糕一切为三，一块为中央所有，一块为地方所得，还有一块双方共享。目前我国采用的是第二种形式，即把税种分为中央税、地方税、中央地方共享税。关税、消费税等为中央税，这些税税基大，税源广，能够确保中央财政收入的稳定增长，同时也有利于维护国家权益，调节宏观经济。增值税、企业所得税、资源税等为共享税，其他则是地方税。

假如你留心听领导作报告，大都会强调“一级抓一级，层层抓落实”。对税收管理体制而言，这绝不是空口套话，而是税收分级管理的真实写照。我们知道，埃及的金字塔，被称为世界奇观，经过几千年风风雨雨而屹立不倒。同样，一个好的集权制模式，也是呈金字塔形，由上往下，层层递增，而且设计科学，既不重复设置，又不出现管理空白。从总体上看，我国现行的税务机构，最突出的特征是分层设置，垂直管理。前面讲过，国家税务总局主管内税，这个“大总管”是国务院所属的正部级单位。适应分税制的要求，到了省以下，又分别设置了两套人马：一是国税系统，一是地税系统。两套人马都兵强马壮，包括省、市、县国（地）税局，县级国（地）税局另有派出机构，即征收分局和税务所。国税、地税在管理方式上有所不同，前者在机构设置、人员编制、领导干部管理、经费等各方面，按照下管一级的原则，实行垂直管理。而省以下地方税务局，则实行上级税务机关和同级政府双重领导，并以上级税务机关垂直领导为主。国税和地税并非井水不犯河水，老死不相往来，而是经常相互委托对方代征某些税收。主管对外税收的海关系统，也实行垂直领导体制。海关总署下设广东分署、

24 个局级海关、17 个副局级海关和 300 多个处级以下海关。海关一般设在对外开放口岸和货物进出口、人员进出境业务比较集中的地点，其设置不受行政区划的限制，这一点，与税务系统的设置有所不同。

避免国际间双重课税

● 自哥伦布发现新大陆，麦哲伦环游地球之后，国与国之间的贸易交往日益频繁。为了保持本国在国际贸易中的竞争力，于是壁垒高筑，相互间打起了关税战。税收问题也由此跨出了国门，变成国与国之间的大事。如何处理好国际税收，如今已引起各国政府的关注。

15世纪以前，世界上多数国家实行自给自足的自然经济。自哥伦布发现新大陆，麦哲伦环游地球之后，国与国之间的交往空前频繁。商人的船队扬帆出海，远涉重洋，通过贱买贵卖，满载黄金白银而归。从业之利，农不如工，工不如商。商业的繁荣兴旺，使“重商主义”风靡一时，信奉此道的人认为，政府应奖出限入，给本国的出口商以补助，降低出口品价格，增强在国际市场的竞争力；同时，对进口商品征收高关税，使国外厂商无利可图。如此一来，对外贸易持续顺差，国家就能迅速强盛，人民生活也会日益殷实。常言道，来而不往非礼也。你对我实行关税封锁，把我的产品赶出国门，那我也以其人之道，还治其人之身，让你的产品在我这儿无立足之地。国与国之间壁垒高筑，打起了关税战，结果两败俱伤，得不偿失。税收问题由此跨出了国门，变成国与国之间的大事，如何处理好国际税收，引起了各国政府的关注。

与一般税收相比，国际税收有五个鲜明的特点，即涉外性、国际协调性、法制性、符合国际惯例性、优惠性。所谓涉外性，是指税收涉及两个或两个以上国家。虽然每一个国家都依据自己的税法征税，但对于跨国纳税人来说，却有可能向几个国家缴税。也就是说，国际税收常常涉及重复征税问题。正是为了解决这一问题，才有了税收的国际协调。当事国通过对话协商，求大同存小异，签订双边或多边税收协议。至于法制性，很容易理解。涉外的税法如果出了问题，带来的负面影响要比国内税法更大，因此，国际税收所依据的税法，往往更加严格，更为完善。符合国际惯例性，是国际税收的一项基本原则。如果一国的涉外税法我行我素，想怎么收就怎么收，就难免与贸易伙伴国发生冲突。这就好像蒙古族同胞，喜欢以大碗酒敬客，在他们看来，不如此不足以表达情谊，可是各地风土人情有异，对不喜欢劝酒的南方人来说，恐怕这情谊就成了负担。如果蒙古族兄弟到其他省份，就更不能再沿用此法，而要入乡随俗，充分考虑对方的承受能力。国际税收也是同样道理，它不能一意孤行，必须符合国际惯例。国际税收的最后一个特点就是优惠性。比如 WTO 各成员国互相实行“最惠国待遇”，中国给美国的农产品降低了关税，那么，其他成员国也自然而然享受这一优惠，而不需要再行谈判磋商。

我们知道，一个国家的主权有多种表现。体现在税收领域，这种主权就是税收管辖权。既然各国主权独立，税收管辖权想怎么确定就怎么确定，别的国家无权横挑鼻子竖挑眼。总的说来，税收管辖权有三种，居民管辖权、地域管辖权、双重管辖权。实行居民管辖权，依据的是“属人原则”，即国家有权对本国居民进行法律管辖。具体到税收方面，就是本国居民的所得，不论来源于境内，还是来源于境外，统统要交税。截至到目前为止，还没有哪个国家，单独采用居民管辖权。而地域管辖权，其依据原则是属地主义，也称领地主义。地域管辖权有两层含义：对本国居民来说，只对他来自本国范围内的收益、所得、财产纳税，对于来自其他国家的收入，地域管辖权则无权征税；对于外国居民，也就是非本国居民，他在所在国取得的收入，也必须向当地税务机关纳税。实行地域管辖权的国家有法国、巴西、新加坡等。与前两种管辖权相比，双重管辖权的收税涵盖得更宽，它同时采用居民管辖权和地域管辖权，不论在哪个管辖权范围内都得上税。中国、美国、日本、印度等国，实行的都是双重管辖权。

既然各国的税收管辖权不一，那么，出现双重甚至多重课税也就在所难免。比如，中美两国，实行的都是双重管辖权，在美国有中国人做生意，当然在中国也有美国人做买卖。中国居民张三在美国卖服装赚了钱，美国居民约翰也在中国搞软件发了财，那么，按照居民管辖权，中国要对张三收税，而按照地域管辖权，美国也要对张三征税。同样道理，约翰也要依照中美两国税法分别交税。很显然，张三和约翰都被重复征税。可想而知，不论张三还是约翰，都对这种双重课税牢骚满腹，心有不甘。如果这种状况不改变，沉重的税收负担将使这些跨国经营者难以为继，与其背井离乡，苦干苦熬，把挣的钱大部分交了税，还不如及早收手改到本国投资算了。这显然不利于资源合理配置，长此以往，也会阻碍国际贸易的发展。有句老话说得好，解铃还需系铃人。消除国际间的双重课税，需要当事国政府做出努力。

解决国际双重课税，办法有两种：一是某国政府单独行动，免除本国居民的双重负担之苦。既然单边行动不会给其他国家带来麻烦，因此，也无须经过他们同意。另一个办法是互动方式，即两个国家或两个以上国家签订双边协定或多边协定，免除各自百姓“多重扒皮”的困境。较之单独行动，互动式显然是上上策。当然，具体操作起来，减除重复征税的措施，林林总总，不一而足。其中，比较常用的有三种：抵免法、免税法、扣除法、低税法。所谓抵免法，是对本国居民而言。前面例子中，如果张三在美国已缴税款折合人民币 3 万元，而按照中国税法规定，还要向中国的税务缴税 5 万元，最后，中国方面从应收税款中扣掉 3 万元，只收了张三 2 万元税款，用的便是抵免法。

第二种措施是免税法。通常用于单边行动，本国政府放弃自己应得部分。这很像一个学生课业负担沉重，星期天学校要求补课，而家长也安排了弹钢琴学美术。父母看到孩子不堪重负，便放弃自己布置的任务，到了星期天，孩子只需补课，无须作画练琴了。前面例子中，如果中国的税务机关对张三缴纳 2 万元税款也一笔勾消，就可以称为免税法。当然如此一来，本国政府应得的税款就流失了。

第三个法子是扣除法和低税法，前者是把纳税人来源于国外的所得先刨去这笔所得在国外的税款，只对这项余额征税。比如张三挣了 10 万元，美国已收其税款 3 万元。照理说，中国也要以 10 万元为基数对张三征收所得税。现在实行扣除法，张三就能以 7（10－3＝7）万元为基数，然后再按中国的适用税率照章上税。低税法是对境外所得实行特殊照顾，制定特别的低税率以缓解纳税人的负担。还是上面那个例子，如果张三在中国纳税的基数和美国相同，也是 10 万元，但中国方面把他的适用税率由 30% 降为 10%，同样减轻了张三的纳税负担。

流转、所得税类

消费型增值税呼之欲出

消费税因时而变

营业税有得有失

关税是一把双刃剑

企业所得税亟待改革

个人所得税潜龙在渊

消费型增值税呼之欲出

● 目前国有企业大都改制完毕，正需要重新整合资源，进行新一轮设备更新。而现行的生产型增值税却横刀立马，使企业有心技改，无钱纳税。同时乡镇企业、民营企业异军突起，如果再照老方子抓药，不分青红皂白实行生产型增值税，便会抑制整个社会的投资热情。

增值税出现以前，流转税曾经大行其道。流转税，即对商品的流转环节征税，而且按商品全部流转额征收。为此，人们形象地称它为“层层剥皮，道道征税”，其弊端不言自明，那就是重复课征。1954 年，法国作为“第一个吃螃蟹”的国家率先推行增值税，并取得了巨大成功。如今，世界上共有 115 个国家开征了增值税。

增值税取代流转税的地位，缘于它的税制设计更为科学、更加合理，更适应专业化分工和社会化大生产的要求。让我们来看个例子：假设某织布厂进了 30 万元的棉花，织成布匹，然后以 60 万元价格卖给服装厂；后者将其加工成服装后以 80 万元的价格卖给批发商；批发商再以 100 万元的价格卖给零售商。如果流转税的税率为 5%，那么，纳税总额将是多少呢？前面说过，流转税的特点是按照每个经营者的销售收入全额征税，那么，织布厂应纳税额为：60 × 5% = 3（万元）；服装厂应纳税额为 80 × 5% = 4（万元）；批发商应纳税额为 100 × 5% = 5（万元），该批商品的总税额为 3 + 4 + 5 = 12（万元）。现在改为征收增值税，即只对价值增值部分征税，税率仍为 5%。那么，织布厂增值额是 60 − 30 = 30（万元），应纳税额为 30 × 5% = 1.5（万元）；服装厂的增值额为 80 − 60 = 20（万元），应纳税额为 20 × 5% = 1（万元）；批发商的增值额为 100 − 80 = 20（万元），应纳税额也是 20 × 5% = 1（万元）。这样计算下来，总税额为 1.5 + 1 + 1 = 3.5（万元）。两相比较，很显然，实行增值税整体税负远低于流转税，即使专业化分工再细，生产环节再多，也不存在重复计征的问题。

俗话说，龙生九子各不同。同样是增值税，在不同国家，税制设计也大不相同。我们知道，厂商生产商品离不开三样东西：劳动力、原料和固定资产。劳动力和原料，一次投入便将其价值转移到新产品中去。

不过，劳动力的特点是能够创造出大于工资的价值，而原料经过加工只是改变了它的形态而已，价值并没有改变。固定资产如机器设备、厂房等，它们的价值则要通过折旧，分期分批转移到商品中去。在计算一件商品的增值额时，由于对固定资产价款的处理方法不同，增值税可以分为三种类型：消费型增值税、收入型增值税、生产型增值税。

所谓消费型增值税，就是允许纳税人在计算增值额时，除扣掉生产原料价值以外，还可以把外购的固定资产价款全部扣除。也就是说，厂商外购的生产资料不算入产品增加值，而只是对消费资料征税。如此一来，便大大降低了厂商的税收负担。对此，厂家自然双手赞成，而政府征税也顺风顺水，执行成本自然较低。与消费型增值税大笔一挥，把固定资产一笔勾销相比，收入型增值税就显得不太痛快了。它的做法，是在计算增值税时扣除掉外购固定资产的折旧部分。根据宏观经济学的定义，一国的国民生产总值减去全部固定资产的折旧等于国民收入。从一国范围看，扣除固定资产折旧，对国民收入征税，这也正是“收入型”增值税得名的原因。目前实行这种税制的国家主要有阿根廷和摩洛哥。与前两种税制相比，生产型增值税最不彻底，纳税人的税负也最重。它在计税时既不扣除全部固定资产，也不扣除折旧，课税对象相当于生产资料和消费资料的总和，从整个社会来看，与国民生产总值一致，故称其为生产型增值税。目前只有印尼和中国采取这种增值税制。

我们知道，税收的作用不仅是增加财政收入，而且，政府借助于税收手段能够对宏观经济发挥调控作用。增值税设置不同，对经济的影响也不同。实行消费型增值税，在计税时把厂商购入的固定资产做了一次性扣除，税负减到了最轻，客观上起到了鼓励投资、鼓励设备更新的作用。投资、消费和出口，是拉动经济增长的三架马车。世界上多数国家之所以选择消费型增值税，正是英雄所见略同，把推动经济快速增长看得比短期内增加税收更为重要。实行生产型增值税，既不扣除固定资产，也不扣除折旧，对企业来说，税收负担较重，客观上会降低生产者的投资热情，减慢设备的更新速度。而收入型增值税，在计税时扣除固定资产当期折旧部分，零打碎敲，操作起来添了许多麻烦，无形中增大了征税成本。

1984 年，我国正式建立增值税制度，经过近十年的完善，到 1993 年底，出台《中华人民共和国增值税暂行条例》，构建起生产型增值税体系。根据条例规定，凡在我国境内销售货物或进口货物，提供工业性和非工业性的加工、修理修配劳务的，都要缴纳增值税，税率设置分 17% 和 13% 两挡。增值税的开征对财政的贡献可谓功勋卓著，财政收入的近 90% 来源于税收，而税收中近一半是增值税的功劳。以 2000 年为例，增值税收入达 5346.9 亿元，占当年税收总额的 40.8%，稳居各税之首，成为税收中的“巨无霸”。

但是，正如前面所说，生产型增值税对经济的负面影响也是不容忽视的。有资料显示，国际上消费型增值税税率大致在 8%—20% 左右。而我国生产型增值税率为 17%，换算为消费型增值税在 23% 左右，税负明显过高。当然，生产型增值税的出台，也是当时的形势使然。上个世纪 90 年代初，国有企业大搞技术改造，进口了大量或一手或二手设备，企业硬件水平大幅提高，与此相反，企业的软件——生产经营机制转变却没跟上，一条腿长，一条腿短，企业投资虽多，却事倍功半，赢利水平普遍不高。国家将增值税设定为“生产型”，除了增加财政收入外，主要意图是要遏制国有企业盲目投资。

然而，此一时彼一时也。国有企业大都已完成了改制，正需要重新整合资源，进行新一轮设备更新。而现行的生产型增值税，却横刀立马，使企业有心技改，无钱纳税。难怪企业界流传这么一句话：不搞技改等死，搞了技改找死。另外还要看到，这些年来乡镇企业异军突起，民营企业三分天下有其一，如果再照老方子抓药，不分青红皂白实行生产型增值税，便会抑制整个社会的投资热情，在内需不足、经济紧缩的新背景下，生产型增值税的缺陷愈益凸显，已到了非改不可的时候。

消费税因时而变

● 对特定商品征收消费税，除了能增加财政收入外，还能够引导公众消费、优化资源配置。所以对于消费税而言，它的征税对象不能固定，必须因时而变，不断调整征税项目，相应变动其税率，如此，才能发挥好消费税的作用。

1994年，中国税制改革浓墨重彩，大破大立，流转税、所得税和财产税，撑起了新的复合税制大框架。其中，流转税方面确定了增值税的核心地位，对大多数商品征收增值税；此外，选择部分商品再征一道消费税。比如，生产香烟的厂商把烟丝加工成卷烟，实现了增值，为此，厂家需要交纳增值税；同时，香烟作为消费税课税对象还要对其征收消费税。

对消费税，如果望文生义，理解为谁消费谁上税，那就大错特错了。事实上，所谓消费税是对生产、进口、零售应税消费品征税。它作为流转税的一种，针对的是生产、进口、零售环节，消费税的纳税人是从事生产、进口和零售应税商品的单位和个人。委托加工，作为生产的一种形式，也要征收消费税，例如，A单位因技术设备局限，委托B单位代其加工化妆品，B单位按要求加工完毕后，A收回成品用于销售，作为受托方的B在给A交货时，要为A代收代缴消费税。

细心的读者会发现，很多对外发行的报刊，有两个公开价格，比如一份杂志，同时标注人民币10元，港币20元，内外有别。消费税可不这样，它不排外，不护内，不管是内资企业、外资企业，国有还是民营，均一视同仁，一碗水端平。只要生产或进口规定的上税商品，甭管什么来头，统统交税。比如，在我国境内生产小汽车，不管是合资的广州本田还是民营的吉利，都得交纳消费税。

相对增值税而言，消费税的覆盖面要窄得多。它仅选择部分特殊消费品，共涉及11个税目、13个子目、25个征税项目。这些商品，大致分为五类：一是特殊消费品，如烟、酒、焰火等；二是奢侈品和非生活必需品，如化妆品、贵重首饰和珠宝玉石等；三是高能耗消费品，如摩托车、小轿车等；四是不可再生稀缺资源消费品，如汽油、柴油等；五是具有一定财政意义的消费品，如汽车轮胎等。消费税采用产品差别税率，税率档次是“十加四”，“十”指的是10挡比例税率，从3%到45%变动，产品不同，比例大相径庭，比如大雪茄，税率为 30%，而一般酒类为 10%。“四”是指 4 挡定额税。采取定额税的商品，其应纳税额等于销售数量乘以适用单位税额。不同商品，单位税额不同，比如，对啤酒生产商，每吨征收消费税 220 元，汽油则是以升为单位，每升 0.2 元。

对特定商品征收消费税，除了能增加财政收入外，还能够引导公众消费、优化资源配置。我们知道，在通常情况下，一种商品的价格提高，需求往往会相应减少。同理，即使商品价格不变，倘若税收增加，实际上也相当于价格上扬。对属于超前消费或者导致资源配置不合理的商品，加征一道消费税，生产商、进口商和零售商就会提高价格，尽量将税负转嫁给消费者。精明的消费者对此心明眼亮，在买与不买之间会做一个取舍，正因如此，消费税对消费行为有引导作用。消费者买得少了，厂家盈利的空间自然也缩小，于是他们或者压缩生产规模，或者改行转产，或减少进口，那些能耗大的商品或者国家不鼓励进口的商品，也就相应减少。这样的例子几乎俯拾即是。比如为了保护环境，我国政府规定，普通轿车的消费税率为 8%，但达到废气排放标准的“环保车”，消费税将被减免 30%。这不仅会鼓励厂商提高技术含量，生产更多的环保车型，也能够使消费者购买质优价廉的环保轿车，并提高全社会的环保意识。

消费税的税率设计，还体现出政府调节分配的一片苦心。在生活中，收入有高有低，消费水平也参差不齐，开奔驰驾宝马、衣着光鲜、穿金戴银的，不是明星就是大款。中产“小资”、工薪阶层、平民百姓，也各有自己的活法。消费税不是嫌贫爱富，却像是有意跟富人过不去，越是高档奢侈物品，适用的税率越高。如此一来，也就应了那句老话，量体裁衣，看菜吃饭。以汽车为例，收入不太高又想买车的，很多买了经济适用车；中产家庭，或买了中档捷达，或买了中高档本田车。商界名流、成功人士，则非奔驰、宝马、凌志不坐。消费税针对特殊商品，使较高收入者承担较高税负，税率呈现累进特征，在调节社会分配方面的确功不可没。

有道是，人人心里有杆秤。在政府眼里，消费税的税率设计考虑到了调节分配，而精明的厂家却要考虑如何用好政策，尽量减少税负。经济生活中，厂家生产经营的商品很多时候不止一种。用税收术语讲，就是存在着兼营行为，即同时经营两种以上税率的应税消费品。对此，税法明确规定：存在兼营行为的企业，不同税率应税消费品的销售额、销售数量，应当分别核算；未分别核算的，或者将不同税率的应税消费品组装成套消费品销售的，应从高适用税率。行家一伸手，就知有没有。如果厂家对税法知识不甚了了，就会稀里糊涂增加了纳税支出，反之，如果对税法了如指掌，就会精打细算，将税负合法地降到最低。

这里不妨举个例子：某酒厂既生产税率为25%的粮食白酒，又生产税率为10%的药酒，还生产上述两类酒的小瓶装礼品套装。假如三类酒没有分开核算而是混在一堆，那么，按照税法规定应采取税率从高的原则，统统按25%的税率计征。如果将三类酒单独核算，则税收负担要降低许多。再往细里算一下，三类酒中的套装酒，一个税率高，一个税率低，打装成包，按规定还是要本着就高原则，按25%的税率计算。除非套装酒在市面上颇受欢迎，否则拆开单独销售，还能够把税负降下一块。难怪有儒商笑言："税里乾坤大，商家计短长。"

消费税涵盖的商品并非一经锁定，长年不改。而是因时而变，常变常新。在我国，"三大件"的演变就是一个绝好例证。改革开放前，自行车、缝纫机和手表被称为三大件，年轻人结婚时，倘若有一两个大件，那是非常荣耀的事。然而时过境迁，彩电、冰箱、洗衣机很快取而代之，现如今，结婚前买车买房，也不是什么非分之想。试想，如果今天仍把手表或者冰箱当做高档消费品，对其征收消费税，以期达到抑制超前消费的目的，就不仅仅是不合时宜，恐怕更会贻笑大方。因此，消费税与其他一些税种，像契税，征税对象固定为不动产，有着明显不同。对于消费税而言，只有因时而变及时调整征税项目，并相应变动其税率，才能实现其引导消费、调节分配、优化资源配置的目的。

营业税有得有失

● 营业税在调节经济、增加财政收入方面功不可没，但重复计征是它天生的缺失。回顾全世界营业税的历史，不难看出，正是营业税的弊病，致使增值税出台并大显身手。其中道理一点即破，因为增值税只对工序间增值部分征税，较好地解决了重复计征问题。

在税收大家庭中，营业税仅次于增值税，是第二大税种。早期的营业税叫做牙税，说是牙税，其实与牙齿并不相干。原来，古时贸易集散地称为“互市”，而互字与牙字非常相近，慢慢的，以讹传讹，互市就被人们叫做牙行，对经营活动征税自然也就名为牙税。到了民国初年，牙税改称特种营业执照税，其征收范围涉及皮货、洋服、珠宝古玩、饭庄酒馆业等 13 个行业，每年分两次征收。1950 年，国家采用工商业税，它是工商业营业税和所得税的总和。1958 年简化税制，工商业营业税部分并入工商统一税。直到 1984 年，营业税分离出来成为现在的独立税种。

营业税，顾名思义，是对营业者营业行为的税收。营业者自然就是纳税人。界定纳税人有三个条件：首先，纳税人从事的活动是提供劳务、转让无形资产或销售不动产。而且，这些行为必须发生在国内，倘若在境外提供劳务，营业税就鞭长莫及了。其次，营业者的行为必须有偿。换句话说，免费帮忙的买卖，周瑜打黄盖，一个愿打，一个愿挨，就不计在其中。最后一条，所涉及的劳务必须是应税劳务。按照税法规定，应税劳务涉及七大行业，即交通运输、建筑、金融保险、邮电通信、文化体育、娱乐、服务业。否则，即使有劳务，但不在上述七类行业，譬如说，生物制药类则不属于应税劳务。单位和个人，只有三个条件兼备的才是纳税义务人。

营业税的计征范围在 1994 年曾做过较大调整，当时，增值税粉墨登场，占据了许多原属于营业税的地盘，营业税范围只得忍痛割爱，收缩阵地。其实，营业税也好，增值税也罢，都是对流转环节征税，只不过，二者在征税范围上各有侧重。营业税主要涉及三类：各种劳务、销售不动产和转让无形资产；增值税则主要涉及两类：货物销售，提供加工、修理修配劳务。按理说，两税是大路朝天，各走一边，但实际上，它们并非井水不犯河水。以建筑材料为例，假设 A 企业是建筑安装公司，B 企业是 A 下属企业生产水泥预制构件，B 企业的构件用于 A 的施工工地，那么，在移交使用时征收增值税；倘若，B 企业在 A 公司的建筑现场制造构件直接用于工程，征收的税种就不是增值税而是营业税。类似这种易混淆的情况，为便于实际操作，国家已逐一做出了详尽规定。

在税率的使用上，营业税总体采用“二加一”原则，即两挡比例税率和一挡幅度税率。交通运输业、建筑业、邮电通信业、文化体育业税率为 3%；金融保险业、服务业、不动产销售、无形资产转让税率为 5%；娱乐业则实行 5%—20% 的幅度税率，各省、自治区、直辖市政府可以根据自身情况，在规定范围内自行确定税率。比如，北京市娱乐业的营业税按 10% 的税率征收。

营业税的计征有一个比较简单的公式：应纳税额 = 营业额 × 税率。纳税人的营业额为纳税人提供应税劳务、转让无形资产，或者销售不动产，向对方收取的全部价款和价外费用。对营业额的甄别往往会碰到一些特殊情况。税务部门要做到不漏征，不超征，必须合理确定纳税企业的营业额。税法规定，国内运输企业运送旅客或货物出境，在境外转手改由其他运输企业承运，那么，必须将全程运费作一扣除，即减去付给境外承运企业的运费，把余额作为国内运输企业的营业额。同理，旅游团和建筑企业转包的，计算营业额时，也要相应扣除转包价款。对金融企业来说，如果发生转贷业务则以贷款利息减去借款利息，剩下的余额为营业额。外汇、有价证券、期货买卖业务，以卖出价减去买入价后的余额为营业额。

金融保险业的营业税，有必要多说几句。据统计，目前来自金融保险业的营业税每年约500多亿元，占营业税总收入的近三成。近年来，国家对其税率屡次调整，1997年前，执行5%的税率，1997年1月1日开始，税率提高到8%。提高税率的本意是因为经济过热，防止过度投资。没想到亚洲金融危机爆发，高税率不仅增加了金融业的负担，而且对鼓励投资、拉动内需明显不利。有鉴于此，2001年，国务院重新作出规定，金融保险业营业税率分3年逐年降低，每年下调一个百分点，即2001年1月1日至12月31日为7%，2002年1月1日至12月31日降低为6%，2003年1月1日起按照5%执行。据测算，金融保险业营业税降低1个百分点，相当于为金融保险企业减负60多亿元。此举对于降低银行经营成本，提高金融保险企业竞争能力，应对入世挑战，无疑是个持续利好消息。

营业税和其他税种一样，有利也有弊。它的征收涉及到第三产业很多部门，在调节经济、增加财政收入方面的确功不可没。但通过长期实践也暴露出很多弊病。倘或生产一件物品需要三道工序，那么，不管是零件交付下一工序还是成品销售，都得交纳营业税。很显然，成品就被征了两道税，也就是说存在重复计征。回顾全世界营业税的历史，不难看出，正是营业税的弊病致使增值税出台并大显身手。其中道理一点即破，因为增值税只对工序间增值部分征税，较好地解决了重复计征问题，合乎情理，自然更易为企业接受。

与所得税相比，营业税也有许多不足。只要经营行为存在，不管盈利与否都得缴纳营业税。而所得税只对盈利企业征税，从这个角度讲，营业税显然不及所得税公平。只不过，如果国家监管水平有限，营业税较之所得税征收会更加容易。从现实情况看，我国含营业税在内的流转税比重很高，目前流转税比重占所有税种的80%，所得税占15%，剩下20多个税种占5%。

如何适应世界趋势，降低流转税比重，成为理论界讨论的一大热点。其中，一个重要的论题是增值税如何转型。从发达国家经验看，增值税的转型必然涉及营业税向增值税转化，增值税征收范围会随之逐步扩大，比如缴纳营业税的金融保险业、律师事务所、会计师事务所、交通运输和邮政电信等行业，将可能由营业税改为缴纳增值税。古人云，牵一发而动全身。

对营业税的调整恐怕也不能操之过急，鲁莽行事，而应该权衡利弊，谨慎操作。

关税是一把双刃剑

● 关税虽然是由各国自行决定的，但这并不意味着关税可以漫无天际，随心所欲。其实，关税是一把双刃剑，用得好，既保护民族经济，发展对外贸易，又不伤他国的和气；若用不好，却可能害人害己，得不偿失。

听朋友讲过一则笑话：某君入境美国时，带了一只鹦鹉。海关人员叫住他说：“先生，您这只鹦鹉也得付税金。”“应该付多少啊？”“活的50美元，如果是标本，只要15美元！”某君正在犹豫，只听见鹦鹉嘶哑着叫道：“拜托，千万别心疼钱，我可不想变成标本！”听完笑话，大家在莞尔之余，多少能够了解到出入境的商品大都要缴纳关税；不同类型的商品适用的关税标准不同。这只是对关税最浅显的认识。关税的重要作用，除了增加一国财政收入之外，主要的还是保护民族经济，发展对外贸易。

喜欢听评书的朋友，对“山大王”打劫时的惯用语一定非常熟悉："此路是我开，此树是我栽，要打此路过，留下买路财。"关税虽不劫镖，不掠财，却像个门神，把脸一拉，想进来可以，先把"买路财"交够！不过，关税这个门神却像是身怀川剧"变脸"的绝技，对不同时期、不同国家的进口商品，时而扮红脸，和和气气，抬手放行；时而扮黑脸，怒目圆睁，拒人于国门之外。

关税分为三种，进口税、出口税和过境税。在每一种关税中，通过差别关税表演"变脸"。差别关税，顾名思义，就是同一种货物，来源不同，税率不同，这其实也就是人们常说的歧视性关税。在实际操作中，歧视性关税又进一步划分为反倾销关税、反补贴关税、报复关税和优惠关税。反倾销关税是指针对他国货物倾销征收的附加税。以中国的彩电业为例，1998 年，欧盟企业对中国彩电提出反倾销诉讼，理由是所谓中国彩电低于成本到欧盟倾销，同年，欧盟委员会决定对中国彩电征收 44.6%的反倾销税。加收关税后，相当于我们的出口彩电价格上升 44.6%，低成本低价格的优势丧失殆尽，一招反倾销关税出手，中国彩电就被欧盟扫地出门。而反补贴关税是针对接受出口补贴的舶来品。当这些商品低于正常价格进口时征收。美国从 2002 年开始对从德国、加拿大、特立尼达进口的线材征收 8.38%反补贴关税就是一例。至于报复关税，很容易理解：两国用关税斗法，针尖对麦芒，以眼还眼，以牙还牙。2001 年初，由日本率先发难，对中国大葱、香菇、蔺草席实施“临时保障措施”；随即，中国政府做出回应，对日本的汽车、手机和空调开始征收 100%的惩罚性报复关税。说起优惠关税，其实也是一种差别关税，只不过是积极的差别。中国宣布，自 2004 年 1 月 1 日起，来自柬埔寨、老挝和缅甸的部分产品将可以享受到零关税待遇。这其实是一种优惠关税，而且是最高规格的优惠，产品进入别国，如入无人之境。

关税无疑是由各国自行决定的，但这并不意味着制定关税可以漫无天际，随心所欲。有人说，关税是一把双刃剑，用得好，既保护自己，又不伤和气。用不好，却是害人害己，得不偿失。1929 年全球爆发经济危机，为缓解国内经济危机，40 多个国家以邻为壑，围墙高筑，大幅度提高进口关税，导致世界范围的“关税大战”，可结果事与愿违，“关税大战”不仅没有缓解危机，反倒加深了危机，引发了更大的萧条，3 年后，世界贸易总额缩减到 1929 年的三分之一。再后来，法西斯上台，二战爆发。战争结束后，为重建国际贸易秩序，1947 年 10 月，23 个国家正式签署“关税与贸易总协定（GATT）”，正式提出了税收国民待遇原则。其后，在关贸总协定基础上建立起的世贸组织（WTO）

又将这一原则加以发展完善。

WTO提出了税收的非歧视原则，要求各成员国之间互相给予“最惠国待遇”，即各成员对于其他成员的产品，必须给予不低于给予任何其他国家产品的优惠待遇。举例来说，A、B是成员国，C是非成员国，倘若A对C的钢材进口关税为20%，那么A决不能对B的进口钢材征收超过20%的关税。同时，为了促进贸易自由化，WTO要求各成员国实行关税约束，逐步降低关税。为了加入WTO，更好地与世界经济融为一体，在降低关税方面中国做出了积极的努力。1996年，中国政府宣布调低4971个税目的进口税率，关税税率平均水平从35%下降到23%；1997年，又降低4874个税目商品的进口关税税率，关税平均水平从23%下降到17%。2001年1月1日，再次自主降低关税，关税总水平下降为15.3%。中国政府对世贸组织承诺，到2005年，关税税率降到发展中国家平均水平以下，工业品进口平均关税税率降至10%左右。

有人说，WTO是发达国家制定的游戏规则，发展中国家成员只有被动接受的份儿。这是事实，没有必要否认。但是，如果不加入WTO，关起门来搞建设，就有可能被边缘化，最终落伍于时代。逆水行舟，不进则退。在关税方面，我们虽不免要打落牙齿往肚里咽，被迫接受WTO的有关规定，比如，农业明明是我们的弱质产业，但按照我国政府的承诺，到2004年农产品关税将由现在的45%降到17%。但另一方面，我们也可以按照WTO的有关规定，充分利用“例外条款”在关税保护方面有所作为。

用好WTO的例外条款，里面大有学问。概括地说，在关税保护方面，我们可以利用的例外条款主要有四类：一是保护幼稚工业的例外条款。对于汽车业这样的幼稚工业便可以利用此条款，对国外汽车采取提高关税、实行许可证、征收临时附加税等措施，限制进口，以保护中国的汽车工业。二是保障例外条款。当外国某种商品出现大量进口，国内生产同类产品的企业出现开工不足、工人失业、利润下降时，可以临时性限制该种商品进口。比如：目前我国的粮价高于美国等发达国家，过多地进口会对我国农业生产和粮食安全产生影响，我国就可以利用该条款，实行限制粮食进口。三是国际收支平衡例外条款。当我国遇到国际收支极度不平衡时，可以提出对进口实行限制，以保证国际收支平衡。四是对发展中国家政府补贴例外条款。前面讲到，关税既有进口税也有出口税。根据这一条款，我们对本国产品出口不仅不收税，而且还可以给予一定的政府补贴。一个常用的办法是出口退税。亚洲金融危机爆发后，中国承担了泱泱大国应尽的义务，坚持人民币不贬值。但我们通过提高出口退税率，一样起到了刺激出口的作用。据估算，出口退税提高一个百分点对促进出口的效果相当于人民币贬值两个百分点。我们把出口退税率从9%提高到17%，对支持出口来说就相当于人民币贬值了16%。世上无难事，只怕有心人。用好关税政策，发展对外贸易，促进经济的健康发展，不仅需要政府，也需要我们的理论界、实业界精英给予更多的关注，倾注更多的努力。

企业所得税亟待改革

● 国内企业和外资企业的所得税率，名义上都是33%，但实际税率却大相径庭。据统计，内资企业实际税负为28%，而外资企业却仅为11%，如此一来，国内企业纷纷八仙过海，各显神通。忽如一夜春风至，不少内资企业，转眼就挂上了中外合资的名头。

苏格兰的威士忌酒如今已名扬四海，但很久以前，该酒却因口味不佳，很少有人问津。它后来脱胎换骨、一举成名，据说是与“逃税”有关。原来在18世纪末，英国政府加重了酒厂的所得税，于是，有的酒厂业主躲到人烟稀少的山区或者森林里秘密酿制私酒。由于燃料不够，就利用草炭来代替；盛酒容器不足，就用装过葡萄酒的旧木桶；酿成的酒不敢大量销售，只好密封后长年收藏在山洞中。岂料无心插柳，木桶盛载、多年窖藏，加上蒸熏过程中草炭的香味，竟形成了一种独特佳酿。其他酿酒人也如法炮制，新的威士忌酒畅销英伦，誉满天下。纳税人原本为逃避企业所得税而酿制的私酒竟成了酒中极品，这却是当初政府始料未及的。

在我国，已经出台的企业所得税法主要有两个：1993年国务院颁布的《中华人民共和国企业所得税暂行条例》，1994年财政部颁布的《中华人民共和国企业所得税暂行条例实施细则》。这里所指的企业仅限于国内企业。至于合资和独资企业其所得税并不依此法行事，而是另起炉灶，叫做外商投资企业和外国企业所得税。需要澄清的是，企业所得税针对国内企业，但所得却不仅仅是国内所得，而是境内所得加境外所得。以海尔为例，它除了在国内生产还落户美国，它在国外的收益也就是所说的境外所得，也必须在国内缴纳企业所得税。

除了必须是国内企业外，税法还规定了一个限制条件：企业必须独立经济核算。即企业在银行要有账户，有独立账本，自行编写财务报表，盈亏独立计算，这几项条件缺一不可。举例来说，某国内企业A在甲地有子公司B，在乙地有办事处C，B自负盈亏，财务独立，C只是处理日常事务，并没有独立账户，而是和总部A采用同一个户头。在这种情况下，B是企业所得税纳税人，而C因没有独立经济核算，无须交纳企业所得税。

我国税法对企业“所得”的概念规定得比较详尽。既涵盖生产经营所得，即企业从事制造业、采掘业、交通运输业、建筑安装业、农业、林业、畜牧业、渔业、水利业、商品流通业、金融保险业、邮电通信业、服务业，还有其他赢利事业，其赢利就是所得。除生产经营外，其他所得，如股息、利息、租金、各类财产转让收益、特许权使用费等收益、营业外收益等，都在所得之列。近些年，金山城重庆火锅红遍北京城，又在全国大城市四处开花，它的发展正是通过特许经营方式，短期内企业实现了快速扩张。别的火锅城只要软硬件达到要求，定期向总部交纳特许权使用费，便可挂起“金山城”这块金字招牌，而该集团特许权使用费所得也属于企业所得税征收对象。

企业所得税实行比例税率，法定税率为33%。采用这个数字是有据可依而不是拍脑袋拍出来的。同在中国的蓝天下，不管是内资企业也好，外资企业也罢，尽管税收归口不同，一个适用企业所得税，一个适用外商投资企业和外国企业所得税，但总得两相对比，尽量公平。推算起来，外商合资和独资企业，其所得税有两重：一是外商投资企业和外国企业所得税，再就是地方所得税，其中，外商投资企业和外国企业所得税，其税率分为30%、24%、15%三挡；地方所得税，税率为3%，两项相加后最高为33%；这就是对国内企业征收企业所得税税率定为33%的依据。

尽管如此，国内企业对税率的规定却感觉内外有别，有失公平。原来，为了栽下梧桐树，引来金凤凰。对外商投资企业和外国企业，只要到中国来办厂，就相应享受“免二减三”、“五免五减”、再投资退税等众多优惠。无疑，这对于引进外国的资金、技术和管理经验，加快我国的经济发展，起了极大的推动作用。但这种优惠的政策也引发一些问题。名义上，国内和外资两类企业所得税率都是33%，但前面讲了，外资企业的33%是按照从高原则计算出来的。而实际税率，两类企业却大相径庭。据统计，内资企业实际税负为28%，而外资企业却仅为11%，如此一来，便不免有厚此薄彼之嫌。所谓上有政策，下有对策。明白了“海外关系”的重要性，国内企业纷纷八仙过海，各显神通，忽如一夜春风至，万千企业外资来。挂着外资企业名头的，可谓鱼龙混杂。其中的假合资公司虽然换汤不换药，却因有了洋名，地位变了，腰杆硬了，税收减了，利润厚了，好处多多。那些找不到洋亲戚的只有搓手干着急。这种挂羊头卖狗肉的事，无疑是钻了税法的空子。到头来必定是肥了小家，亏了国家。

正因为存在上述问题，近年来统一内外资企业所得税的呼声一直不断。两税的统一，将涉及我国所得税制度改革。在具体操作层面上，将涉及税基范围统

一、税收优惠政策统一等；而且，倘若税种合并需要重新设计税率，是仍选择比例税率，还是借鉴个人所得税，选择超额累进税率；是选择一挡比例税率，亦或多挡比例税率；比例是升还是降等等都还需审慎研究。

除了内外有别，内内有别也不容忽视。由于税收征管条件的限制，在企业所得税的征缴上存在着第二产业易征收、第三产业难征收；国有企业易征收、私营企业难征收的问题。这就在无形中使得第二产业、国有企业税负相对高，而第三产业、私营企业捡了不少便宜。拿国有企业和私营企业对比，私营企业好比单身汉，一人吃饱全家不饿，可以轻装上阵；而国有企业历史包袱沉重，就像是四世同堂的大家庭，拖家带口，扶老携幼，步履维艰。倘若在税收上负担再大于私企，其竞争力便会大大削弱。当然，这只是问题的一面。一些新型经济组织也有不少苦衷。如今个体私营经济蓬勃发展，独资公司、股份制公司等如过江之鲫，层出不穷。这本是活跃经济、发展壮大生产力的好事。但按照所得税规定，这些企业除了交纳企业所得税外，企业的股东、合伙人其所得红利等还须交纳个人所得税。这里面，事实上存在着重复计征。可见，企业所得税法的改善不可能“独善其身”，而要与其他相关法律统筹兼顾，通盘考虑。

个人所得税潜龙在渊

● 1994年实施新税制以来，个人所得税平均年增48%，增幅为所有税种之最。有专家预测，到2020年中国全面建成小康社会，人均纯收入超过3000美元，个人所得税地位势必更加彰显，其前景的确不可限量。

如果倒退15年，对个人收入征税，许多人会觉得不可思议。可如今，人们对此早已耳熟能详。一方面，是大家腰包鼓了，许多人的收入早就跨过了起征点；另一方面，名人偷漏税产生的社会效应也使个人所得税声名远播。前有歌星毛阿敏走穴漏税被曝光，近有“亿万富姐”刘晓庆涉嫌偷税锒铛入狱，新闻炒作推波助澜，把类似事件搞得沸沸扬扬，也把众多的眼球吸引到个人所得税上。

在我国，对个人所得征税曾分而治之，采取了三种方式，针对我国公民的个人收入调节税、针对个体工商户的城乡个体工商户所得税以及针对外籍人员的个人所得税。因此至今仍有很多人还习惯把个人所得税称为个人收入调节税（个调税）。不过，这早已是明日黄花。1993 年国家实行三税合一，按照公平税负的原则统一征收个人所得税。既是合三为一，纳税人范围自然也相应扩大，中国公民、个体工商户、在中国有所得的外籍人员、中国香港、澳门、台湾同胞统统在内。

在个人所得税管辖权上，各国无不遵循两种原则：属地原则和属人原则。属地原则，即按照地域管辖权征税。这意味着只要所得来源于本国就要交税。至于属人原则，又称居住国原则，即凡是本国居民，不管其收入来源于国内还是国外均需上税。目前，在我国是两种原则兼收并蓄，换句话说，同时行使属地和属人管辖权。数学上把两个集合的所有部分叫做并集，把重叠部分称为交集，显然，我们的所得税纳税义务是两种原则的并集而非交集。

我国个人所得税的纳税人包括两类：一类为居民纳税人，他们在中国境内有住所或者无住所但在境内居住满一年。有住所，不难理解，至于境内居住满一年，需要解释一下，它并不是说一年 365 天必须都在境内。对于临时离境的情况，也按居住满一年算。所谓临时离境，是指一次离境不超过 30 天或者是多次离境在 90 天内。例如，随着国际交往的增多，张先生和李先生会到国外出差，倘若张先生一次停留在美国不足30天，李先生虽一年内多次出国，但在国外时间累计不到90天，那么，张李两位按照规定作为居民纳税人负无限纳税义务，其来自境内外的全部所得都要缴纳个人所得税。第二类称为非居民纳税人，是指在境内无住所又不居住，或者在境内居住不满一年的人员。与居民纳税人不同，他们负有限纳税义务，其个人所得税部分只是针对来自境内的所得收缴。

个人所得税中的“所得”二字，在现行税法中大致涵盖11类，分别是：工资、薪金所得，个体、工商户生产、经营所得，对企事业单位承包经营、承租经营所得，劳务报酬所得，稿酬所得，特许权使用费，利息、股息、红利所得，财产租赁所得，财产转让所得，偶然所得及其他所得。其中，劳务报酬所得是指个人独立劳务所得，这种劳务专指非雇佣劳务。它涉及内容很多，比如，咨询、安装、审稿等。打个比方，王女士退休在家，帮助出版社审稿，她从出版社获得的收入就是劳务报酬所得。至于税率，不同应税项目税率不同。总的说来，税率有两类，一类是超额累进税率，比如工资、薪酬所得，采用9级超额累进税率，税率从5%—45%不等。第二类就是比例税率，比如，稿酬所得、特许权使用费所得、利息所得等，适用20%的比例税率。

个人所得税的申报缴纳在我国有两种方式：一是自行申报缴纳，一是代扣代缴。目前，自行申报缴纳还不是税收主要来源，而代扣代缴是个人所得税征缴的主要方式。工资、薪金、利息、股息和红利等所得，其个人所得税的征收主要通过代扣代缴获得。据统计，到2001年，个人所得税中41%来源于工薪所得，35%来自利息、股息、红利、财产租赁、转让等资本所得。这种现状也说明，我国目前个人所得税的纳税主体不是大款大腕而是工薪阶层。当然，任何一种税收制度都无法做到尽善尽美，毫无纰漏。个人所得税莫不如此。从有个人所得税起，偷税漏税现象就层出不穷，屡禁不止。据推算，2001年，我国的个人所得税收入仅占个人收入的6.6%，而在发达国家这个数字平均在30%左右。事实上，我们的比例应达到发达国家一半，即15%，这15%和6.6%之间的税收差额有1000多个亿。这意味着，我国每年仅个人所得税税款流失就高达1000多亿元，相当于每年国债发行总量的三分之二。

税款流失有多方面的原因。改革开放前，实行低工资，低税收。国人没有交个人所得税的习惯。现在腰包虽然鼓起来了，可是要掏出一部分交给政府，心里总感觉不舒服。账面上的钱，像工资收入、炒股收入等有代扣代缴这根绳牵着，一分税款也漏不了。可其他额外收入，有些人不免隐而不报，能漏则漏。除了纳税意识淡薄之外，现行的税收制度本身也有一些“死角”。拿个人申报来说，一方面要靠纳税人自觉，另一方面税收机关也要强化监督措施。如银行之间没有实现完全联网，个人信用体系还亟待完善等等，这些都使得税收监控出现盲区，造成大量应收税款流失。

时下，个人所得税已成为全球普及的税种。有140多个国家和地区开征个人所得税。在一些发达国家其征税额达到全部税收收入的四成。在我国，个人所得税在总税收中的比例还很低，只有4%—7%。由此看来，我国的个人所得税大有潜力可挖。实际上，政府相关部门一直在积极采取措施，借鉴发达国家经验，加大征税力度，强化税收监管。不仅毛阿敏、刘晓庆之类的名人、大腕在个人所得税面前威风尽扫，就连美国前总统克林顿到深圳有偿演讲也得按中国的规矩，老老实实缴了38.66万元税款。应该说，近些年实行存款实名制、推广使用信用卡和个人支票、加快各银行间联网等等一系列相关措施陆续出台，已经取得了初步成效。但是，完善个人所得税相关制度并非朝夕之功，仍然任重道远。

中国的《周易》博大精深，哲理丰富。其“乾卦”中把龙潜藏在水中尚未充分发挥作用称为“潜龙在渊”。然而，一旦潜龙出海，必将一飞冲天，气吞万象。个人所得税在我国税收中的地位正暗合了周易之理。1994年实施新税制以来，个人所得税平均年增48%，增幅为所有税种之最。从税收收入来看，在1980年，个人所得税收入仅为16万元，而到2001年，该项税收已跃至995.99亿元，超过了消费税，成为我国第四大税种。有专家预测，到2020年中国全面建成小康社会，人均纯收入超过3000美元，个人所得税地位势必更加彰显，其前景的确不可限量。

特定目的税类

城建税功不可没

税收护住良田万顷

土地增值税一路升温

车辆购置费改税

社会保障税蓄势待发

城建税功不可没

● 近年来，流转税大步流星，城建税也水涨船高。源源不断的资金注入使城市建设有了雄厚的资金支持，城市建设大手笔挥洒自如，令世人惊叹。北京成功申办奥运，世博会花落上海，绝不是偶然，中国城市建设的巨大变化，城建税功不可没。

大千世界，芸芸众生，经济生活中有一只“看不见的手”在神奇地发挥作用。它就是市场通过价格机制影响供求双方引导资源配置。但市场并非万能，市场也会出现力不能及的情况，经济学上称之为“市场失灵”。一个典型的例子是公共产品，像交通标志、路灯等，人人都能从中受益，但私人却不愿提供。因为单个厂商提供公共产品无法对受益者收费，无利益可言，赔本的生意私人不愿干。出现此类情况就要靠政府这只“看得见的手”来纠正市场的偏失。可俗话说，巧妇难为无米之炊，政府兴办公用事业，钱还得由受益者出。开征城市维护建设税便体现了“谁受益，谁上税”的原则。

1985年2月，国务院颁布了《中华人民共和国城市维护建设税暂行条例》。近20年的实践证明，它在城市维护、城市建设中功不可没。一座座现代化城市拔地而起，其维护、建设费用是一笔不菲的开支。城市维护建设税的征收为城市建设提供了稳定的资金来源。以2000年为例，该税种年收入为352.1亿元，占当年我国税收总额的2.7%。比例不大作用却不可小觑。因为它专款专用，只用于城市建设和维护。正是因为有一年300多亿的盘子撑着，我国的城市建设才今非昔比，日新月异。

城市维护建设税开征前，我们也遇到过城建资金筹措问题。当时的做法是根据企业利润抽取一定比例，征收费用用于城市建设。这就意味着，城市建设和维护只是效益好的企业的事，那些亏损、没有利润的企业不需承担任何责任，免费搭了便车，享受着城建的便利、舒适，却不为之添砖加瓦，只有权利不尽义务，这样显然有失公正。认识到这一点，政府适时开征城市维护建设税，并且合理调整计税依据，将其与企业利润脱钩而与纳税人的流转税税额挂钩。

我们知道，流转税有三个主要税种。1994年以前为产品税、增值税、营业税；1994年税制改革后改为增值税、消费税、营业税。不管是新税种还是老税种，城市维护建设税与流转税挂钩都诠释着一种新的城建理念——全社会参与城建。近年来，流转税大步流星，稳坐我国税收的头把交椅，城市维护建设税也水涨船高，“财大气粗”起来。源源不断的资金注入使城市建设有了雄厚的资金支持，城市建设大手笔挥洒自如，令世人惊叹。北京成功申办奥运，世博会花落上海绝不是偶然，中国城市建设的巨大变化给国际评估机构官员的冲击是两城市取得申办资格的重要原因。

熟悉“三税”（增值税、消费税、营业税）的读者一定还记得，它们的纳税人包括一切类型的企业和个人在内，换句话说，不论国营身份也好，个体也好；国内企业也罢，三资企业也罢，都得照章纳税。倘若推而广之，以为城市维护建设税也是照此办理，那就要出错了。城市维护建设税仍然针对单位和个人，但两类企业却是“网开一面”的，一类为外商投资企业，一类为外国企业。还有两种特殊情形需要特殊提及。大家知道，在我国，进口商品是由海关代征消费税、增值税，对于这种情况不再征收城市维护建设税。第二种情形对于走街串巷、集市练摊等临时性经营，按规定要征收营业税，但是否征收城市维护建设税，税法并没有强制规定，而是将权力下放交给地方，由各省、自治区、直辖市政府自行决定。

为简便征收，税法规定城市维护建设税分别与增值税、消费税、营业税同时缴纳。在征收时不需另填税票，只要在上面“三税”缴纳凭证上加一栏计征就OK了。也许，正是因为城市维护建设税征收方式特殊，很多人会误以为该税是对“三税”税额征税，是“三税”的附加。其实不然，城市维护建设税追溯到源头可知，它其实是商品税的附加税。

在税率的设计上，纳税人地点不同，税率高低也不相同。如果把市区、县城、非市区的顺序排列比做上游、中游和下游的话，那么，城市维护建设税税率就好似从上游奔涌而来的江水，顺流而下，越来越低。譬如，纳税人所在地为市区，税率设定为7%；所在地在县区、乡镇，税率就降为5%；倘若在县区、乡镇以下，税率进一步降为1%。这种顺流而下或者反过来看拾级而上的设计是很有道理的。比起城市，县城、镇规模较小，城建资金相对要少，税负自然要相应减轻。

细心的读者会注意到，开头介绍城市维护建设税时提到专款专用，用途是城市维护和建设。既然是城市维护、城市建设，自然与乡村不相干；既然不相干，乡村（不在市区、不在县城或镇）纳税人为何也要交税？这倒不是让广大农村人口“舍小家顾大家”，而是考虑到很多工矿企业由于历史、自然条件等原因散落在农村，他们中的不少企业，技术装备强，资金有机构成高，生产规模较大，为了让这些企业助城建一臂之力，在税率上专门设定了一条，要求这类企业缴纳城市维护建设税，但税率不高，远远低于城市、县城7%、5%的水平。其实，所有税率的订立无非是为了体现合理负担原则，即谁受益谁纳税、多受益多纳税。

城市维护建设税作为中央政府和地方政府共享税，由国家和地方两级税务部门分别征收。就地缴纳的就作为地方预算收入；而由中央集中征缴的则相应作为中央预算收入。城市维护建设税按月申报，缴款期限在次月 10 日前。不管哪级主管部门征收，一旦发现偷逃税款，肯定会严惩不贷，绝不手软。实际上，很多偷税漏税行为都集中在流转税“三税”上，比如，刘晓庆一案中从 1997 年到 2002 年她出租的深圳房产就偷逃营业税 15916.50 元。偷逃了三税就相当于又偷逃了城市维护建设税。毕竟，城市维护建设税缴纳时是附加在三税上的。为此，税法要求纳税人在补查“三税”、被处以罚款时，对其偷漏的城建税必须补税，同时给予罚款。

我国税法规定，在有些情况下，流转税可以享受税收减免。同理，城市维护建设税也就有了相应的减免税条款。以增值税为例，校办企业生产的应税货物，倘若用于本校教学或科研无须缴纳增值税，那么，也就不再上缴城市维护建设税。再比如，为支持出口，政府对一些出口产品有退税（增值税、消费税）优惠，如果企业了解这一规定，便可享受城市维护建设税优惠，但如果不明就里，提前把城市维护建设税上缴，就有进没出不再予以退还。

税收护住良田万顷

● 征收耕地占用税，目的是保护珍贵的耕地资源。本来好好的耕地，连年收成也不错，忽然要改成工厂，或者建居民楼，那么占地的企业、单位或个人，就得缴纳耕地占用税，并且按照耕地占用税的规定，该项税款应一次性交清。

从前读中学时，老师讲到伟大的祖国时必说两句话：地大物博，人口众多。的确，960 万平方公里的国土，高山丘陵，平原盆地，不可谓不广；天上地下，江河湖海，物产不可谓不丰。但这只是一个绝对数，被十几亿人口一平均，相对数字就不免有些可怜。拿土地来说，我国人均土地面积不足 15 亩，只有世界平均水平的 30%；户均承包耕地仅 7 亩，其中 14 个省区人均耕地不足 1 亩。而且，耕地面积每年还以几百万亩的速度锐减。与此相反，人口却在不断增长。要解决人多地少的矛盾，办法只有两条，一是控制人口，二是保护耕地。“护住方寸地，留与子孙耕”。为了保护珍贵的耕地资源，耕地占用税应运而生。

看过电影《红高粱》的朋友对吹吹打打的迎亲队伍印象一定非常深刻。中国传统的婚姻最大的特点是男婚女嫁。用老百姓的话讲，“嫁出去的女，泼出去的水。”自家辛辛苦苦拉扯大的闺女成了别人家的媳妇，娘家自然心下不舍。而娶进新娘的男方总得付出点代价，“彩礼”就是一种代价。当然，彩礼并非年年送，大喜日子前一次送足就可以拥有新娘了。耕地占用税的征收与此颇有几分相似。本来好好的耕地，连年收成也不错，忽然要改成工厂，或者建居民楼了，那些占地的企业、单位或个人，占用耕地要缴税。并且按照耕地占用税的规定，该项税款应一次性交清。

一次性征收税款使耕地占用税有别于其他税种。它在耕地挪作他用时征收，所谓挪作他用指的是要么占用耕地建房，要么从事非农建设。耕地占用税针对的就是这些特定行为，这就使得耕地占用税有了某些行为税色彩。有了这个前提也就不难理解，为什么税法规定退还耕地时，已纳税款不予退还。这道理和古代的婚姻也有些相似：婚后男方若对女方不满意，或者另觅新欢，往往会一纸休书把结发之妻赶回娘家。倘若发生这种情况，娘家对于男方先前送的彩礼往往不予退还。耕地占用税对占用耕地行为征税，即便退还了土地，但曾经占用的行为是抹杀不掉的，那么，不退税款自然是合乎情理。

耕地占用税的纳税人是占用我国耕地用于非农建设的单位和个人。与“内外有别”的其他税种一样，耕地占用税对外资企业另眼相看，一般会免予征收。但在某些特殊情况下，比如占用耕地不是搞生产经营而是从事房地产开发，那么外商投资企业便享受不到“外交礼遇”，而是“国民待遇”，需要依法上税。计算耕地占用税以实际占用耕地面积为依据。

在税率上，耕地占用税实行地区差别定额税率，从量征收。它以县为最小单位，按照人均耕地面积确定了幅度差别，税率与人均耕地面积此消彼涨。例如，人均耕地在1亩（含1亩）以下的县，每平方米为2—10元；倘若人均1—2亩（含2亩），税率就变为1.6—8元；再到人均2—3亩（含3亩），税率更是降到1.3—6.5元。各省、自治区、直辖市在规定幅度内可以自主确定具体税率。考虑到各省情况不同，尺度难免有差异，为了避免毗邻地区差异过大，财政部分别核定了各省、自治区、直辖市平均税额标准，比如，北京为8元，天津为7元，河北省及邻省河南为4.5元。依据上述两类规定，各地确定出所辖县税额标准。换句话说，各县甚至各乡镇税额标准可以各自不同，但全省加权平均不得低于财政部平均税额标准。

耕地占用税，在征缴上可说是奖罚分明。说到罚，举个例子，倘若单位或个人已获准征用土地或者占用土地，但闲置两年以上不使用，这就好比尽管是嫁出去的闺女，可娘家人也会不时了解情况，倘若发现明媒正娶的夫人却没有相关地位的话，那么，肯定会毫不客气痛责女婿。耕地占用税又何尝不是如此，征而不用超过两年，除按照规定税额收税外，还额外加收 2 倍以下税额。也就是说，原本 1000 元的税款加收后就到了两三千块。

至于奖，其实就是税收减免，大奖是免，小奖是减。譬如，为了安置残疾人就业征地兴办福利工厂，那么，按残疾人占工厂人员比例会酌情给予减免照顾。再比如，农村群众在自己的耕地上盖住房改善生活条件也在减税范围之列，税额减半征收。免税的情况也不少。尊老爱幼，传统美德，对老幼的爱护也体现在了税收上，比如对于幼儿园、敬老院用地免征耕地占用税。三峡工程令人叹为观止，确实是“神女应无恙，当惊世界殊”。但巨大的工程背后，多少库区百姓舍小家为大家，移居他乡，安置这些移民用地建房享受免税。当然，享受减免税的土地改变用途而新用途又不在减免税范围的，从改变时起必须补交耕地占用税。打个比方，原来为祖国花朵建设的幼儿园要重新规划为写字楼，那么，优惠自改变时刻起不复存在，相关单位或个人要一次性交纳耕地占用税。

耕地占用税自 1987 年开始征收，十多年来全国税收每年大幅增长，但耕地占用税增长却不明显。据统计，我国耕地占用税每年都在 35 亿元左右，2000 年该税收入也只有 37.3 亿元。其实，税收的作用并不能以收入多少计算，像耕地占用税，收得少了，证明耕地占用得少，这与保护耕地的初衷正是完全合拍。实际上，自该项税种开征以来，除了每年为财政做贡献外，它在保护耕地、控制乱占滥用耕地方面的确功莫大焉。有数字显示，1982 年到 1986 年的 5 年间，全国耕地每年减少 40 万公顷。耕地占用税实行后，这个数字同比缩减了一半，降为 20 万公顷。依法加强税收征管使保护耕地落到了实处。而耕地占用税专款专用，取之于农村耕地用之于农业发展，其政策性意义更是非比寻常。

然而不可否认，耕地占用税也存在一些明显的不足。比如，该税种只涉及耕地占用，至于林地、草场是排除在外的，其实，它们同样面临保护。统计资料显示，我国人均草地为 5.1 亩，不及世界平均数的 21%。; 人均林地面积 1.8 亩，为世界平均数的 12%。这说明，耕地占用税的覆盖范围还不够宽泛。另外，还有一个问题也值得进一步研究。现在，对农民的税收种类很多，比如农业税、农业特产税、耕地占用税、屠宰税等。中央反复强调要切实减轻农民负担，体现在税费上要“多予，少取，放活”。合并税种抑或废除部分税种，或者降低税率，已成为下一步税制改革的热点。耕地占用税如何改，现在尚无定论，但不论是征是停，是增是减，已被实践证明的两条原则仍然应该加以坚持，那就是既要使耕地得到有效保护，又要税收专款专用，为农业和农村发展倾尽全力，为亿万中国农民提供更多的福祉。

土地增值税一路升温

● 近几年房地产行业飞速发展，土地增值税也节节攀升，2002年1—10月，竟然同比增长了85.4%。这个1994年开征的新税种财政意义已日渐明显，在可以预见的未来，在房地产行业持续走高的情况下，土地增值税也会一如既往，保持良好的增长态势。

假如查考一下税系家谱，不难发现，土地增值税其实就是增值税嫡系子孙。增值税针对生产经营中的价值增值征税；而土地增值税是为了特定目的，对特定对象进行税收调节。这个特定对象是土地，而特定目的是为了调节土地增值收益。土地增值税属于特定目的税类，与属于流转税，涉及生产、流通、服务，税源广泛的增值税自然无法相提并论。但是，随着房地产市场日趋火爆，土地增值税也一路升温，从1994年的区区52万元，一路攀升，到1997年达到了2.5亿，2000年达到8.4亿元，到2002年更是向20亿大关迈进。

具体而言，土地增值指的是转让国有土地使用权、地上建筑物及其附着物的收入，也就是我们平常所说的转让房地产获得的收入。国有土地使用权不必多解释。地上建筑物及附着物不仅包括地面上建筑，如高楼或小院，还包括各种附属设施，如附属的杂物房。当然，地下的各种附属设施，如地下停车场等，也属于附着物之列。单位或个人只要有偿转让房地产，就是土地增值税的纳税人。

在税款计算时，土地增值税的应纳税额不是转让房地产的全部收入，而是转让收入扣除有关费用后的余额，也就是增值额。倘若以全部收入为应纳税额，其相对应的税收就不是土地增值税而是土地收入税了。通常理解，收入是指花花绿绿的钞票，多用货币形式表现，而转让房地产的收入，不论是货币收入、实物收入还是其他收入，统统应该计算在内。例如，甲公司转让一处房地产，价值100万元。购买方因流动资金有限，只付给甲方80万元现金，另外提供了一台价值20万元的汽车。这种情况下，在计算甲方转让收入时就必须把所有收入算在内，即收入为100万元，而不单指80万元现金收入。至于扣除额，税法中规定了六大项，比如，与转让有关的税金，包括营业税、城市维护建设税、印花税，可以扣除。交纳的教育费附加也视同税金准予扣除。再比如，开发土地的成本费用，像房屋拆迁补偿费、基础设施费、建筑安装工程费等，都在可扣除之列。

收税与逃税，仿佛与生俱来，在税收过程中不知上演了多少猫捉老鼠的游戏。有些单位或个人为了少交土地增值税，故意隐瞒成交价格，本来100万元的收入，虚报为80万元，甚至60万元。收入基数小，总税额自然就低。对此，税法专门规定，如果成交价格低于房地产评估价格又没有正当理由，税务机关有权按照评估价格计算税款。房地产评估价格并非任何单位都有资格出具，它只能来源于评估机构，而且评估机构的设立必经政府批准，由税务机关确认。

土地增值税的税率设置很有些特别。它实行四级超额累进税率。如果把增值额比做一块蛋糕，可以将其切成四块：最小的一块，增值额小于扣除额50%的部分，税率为30%。例如，一处房产售价120万，而税法规定的六项扣除额合计100万，那么，增值额是20万，是扣除额的20%（低于50%），那么，应纳税额为20万×30%＝6万元。增值额在扣除额50%—100%之间的部分，税率升为40%；倘若到达100%—200%，税率就更进一步提高，为50%；至于超过200%的部分，继续增加10%，达到60%。

举个例子，乙单位售房一栋，售价为500万元，可扣除额总计200万元，那么，该单位售房增值额为300（500-200）万元，而扣除额的50%、100%，分别为100万元、200万元，这意味着，乙单位增值额在扣除额50%以内部分为100万元，在50%—100%之间也是100万元，100%—200%的区间还是100万元，那么，根据四级超额累进税率，乙单位应纳税款为120（100×30%+100×40%+100×50%）万元。所有的税额以人民币为单位。假如取得收入为外国货币，那么，收入需折合成人民币，折算时按照收入取得当天或者当月1日的基准汇价，或者按照套算得出的汇价计算。

唐代大诗人杜甫在《茅屋为秋风所破歌》中写道："安得广厦千万间，大庇天下寒士俱欢颜。"老百姓居有定所，安居乐业，是社会繁荣稳定的基础，也是政府责无旁贷的职责。土地增值税的设置充分考虑到普通民众的生活需求，针对建设普通住宅、个人调换住房等专门设立了减免税规定，例如：建造普通标准住宅出售，收入增值额在扣除额20%以内的免征土地增值税；所谓普通标准住宅，指的是符合一般民用住宅标准，显然，高级公寓、别墅、度假村沾不上该条款的"光"。

再比如，类似北京的大城市，人们上班地离家较远，每天在路上奔波许久，十分辛苦。他们中有些人就萌发了调换住房的念头，原本家住朝阳区，工作单位在海淀区的李先生，与家住海淀，在朝阳上班的张先生就换房的事一拍即合。对于这类情况，税法明文规定给予一路绿灯，免税处理。另外，税法规定个人因工作调动或改善居住条件而转让原自用住房，经向税务机关申报核准，凡居住满5年或5年以上的，免予征收土地增值税；居住满3年未满5年的，减半征收土地增值税。居住未满3年的，按规定计征土地增值税。这对发展二手房市场，缓解住房紧张自然能够发挥一定的功效。

近几年来，房地产行业升温，一荣俱荣，水涨船高，与房地产相关的税收，譬如房产税、城镇土地使用税、耕地占用税、契税等，也都持续走高。2002年1—10月份的数字显示，它们中增幅最小的是城镇土地使用税，增幅为10.6%，其他如房产税，同比增长21%，耕地占用税和契税，分别大幅增加了44.75%和44.52%，同样与房地产息息相关的土地增值税更是飞速发展，竟然增长了85.4%。这个1994年开征的新税种财政意义也渐渐明显起来，在可以预见的未来，在房地产行业持续走高的情况下，土地增值税也会一如既往，保持良好的增长态势。但税收也是一把双刃剑，倘若税收大幅增长的背后是房地产商把税负转嫁给老百姓，导致房地产价格居高不下，那么就有违开征土地增值税的初衷了。

车辆购置费改税

● 车辆购置费改税并没有给消费者带来额外负担。原来的费率为10%，如今税率也采用单一比例税率，仍为 10%。而且，纳税人、征税范围、征收环节也无二致。这只是相当于消失一种费，增加一种税而已。

当今世界各国，税和费都是普遍存在的，它们作为政府收入的两根擎天柱支撑起庞大的财政开支。在发达国家，通常以税为主，以费为辅。国际货币基金组织一份调查结果显示：发达国家的非税负担占政府收入的 10%—20%，也就是说，税收要占财政收入的80%以上。而到了我国，税和费几乎打成平手。1997年，各级政府收费项目高达 6800 项，年收费额以 15%的速度增长，非税收入占财政收入的比重居全球之首。税费结构失当，不仅使企业不堪重负，步履维艰；老百姓因乱收费而“民怨沸腾”；财政也是代人受过，有苦说不出，因为很多收“费”并没有上缴财政，而是暗度陈仓，流入了一些单位的小金库。对此，政府看在眼里，急在心上，于是下决心力推“费改税”。而车辆购置税就是费改税的排头兵。

车辆购置税的前身是车辆购置附加费。该费于1985年起征，征收单位是交通部门。它作为政府性基金，专款专用，用于国家公路建设。最初，它的征收不是在消费领域，而是在生产环节，由海关和汽车制造厂代征，进口车收费比例为车价的15%，国产车为10%。到了1993年，国家对收费环节做了调整，把它改到了车辆购买阶段，由交通部门会同公安部门征收，不再划分进口车与国产车，费率一并调整为车价的10%。不可否认，车辆购置费征收以来为公路建设筹集了大量资金，15年来我国累计建成公路41万公里，高速公路在短短10年内超过了1.6万公里，跃居世界第三位，还有4000多个乡镇修通了公路。车辆购置附加费的功劳不能埋没。

但是，既是费，就有费的弊端。随着时间的推移，车辆购置附加费暴露出一些问题，最突出的就是收费养人，坐支挪用。所谓收费养人指的是本应专款专用的收费，其中很大一部分成了稽征队伍（据统计，2000年，这支队伍多达1.3万人）的“人头费”，收的钱相当一部分发了工资，收费成本较高。坐支挪用一词，非常形象，又收又支，预算自己做，费用自己收，相当于体育赛场上既定规则又打比赛，里面便有了很多的猫儿腻，下面收费不减，上缴财政不增，久拖不决，必成大患。

2001年1月1日，中国政府决定取消车辆购置附加费，车辆购置税取而代之，成为新一轮费改税的先行者。从理论上讲，以费代税能够较好地解决收费养人、坐支挪用等问题。这是因为各地税务部门负责税收征管，原本就有一支税务稽征队伍。车辆购置税出台后，他们无非是工作任务增加了一块，但是，由于税收人员业务精通，新税种征收操作又比较简便，只要充实一下力量，提高征税的自动化水平，税务部门就完全可以胜任。比起多增一套交通稽征人马，另设炉灶收费，成本显然要低得多。从国际通行做法看，发达国家普遍通过税收的形式筹集交通基础设施建设资金，极少采用收费的办法。这是因为税收行为比收费行为规范，收支要纳入预算，实行规范化财政管理，接受社会各界监督。两相比较，费改税的好处不必再赘言。

2001年初到2002年末，是原交通稽征队伍调整的过渡时期。在这两年中仍保留原交通部门的队伍，并把他们继续留在交通部，由税务总局委托其代征车辆购置税。这个暂时性措施也在2003年1月1日废止，车辆购置税征收正式从交通部门（车辆购置税征稽处）

划归国家税务局地方分局，征收工作得以真正理顺。当然，在具体操作层面会涉及人员安置问题。倘若全部移交，无异于换汤不换药。对此，政府从实际出发确定了两种移交方式，一为接受，即公务员身份的原稽征人员由相关单位100%接收；二为考试录用，且按比例录用。比如，事业编制中干部身份按80%的比例，工人身份为20%。更重要的是，税务机关收支两条线，对于税款，只征不用，确保税收专款专用，从而有效杜绝了坐支挪用现象的发生。

车辆购置费改税并没有给消费者带来额外负担。原来的费率为10%，如今税率也采用单一比例税率，仍为10%。而且，纳税人、征税范围、征收环节也无二致。这只是相当于消失一种费，增加一种税而已。以纳税人为例，与以往的费相同，都是符合两个条件：在征税区域（我国境内）、有应税行为（购置应税车辆），符合条件的单位和个人，就是纳税人，应当依法交税。

车辆购置税中的“购置”有六层含义，依次是购买、进口、自产、受赠（包括接受免税车辆）、获奖、以其他方式（如拍卖、抵债、罚没等方式）获得应税车辆，但不管哪层含义，各种购置方式最后将殊途同归——自用。换句话讲，所有的购置行为必须是为了自用应税车，而不是其他用途。这里所说的车辆涵盖五类，即汽车、摩托车、电车、挂车、农用运输车。至于征管，仍实行一次征收制度，税款必须一次交清，对于已经交纳车辆购置税的车辆报废前不再征收，即使中途易主也不再加征。一般情况下的车辆改型也无须再次上税。不过，倘若发动机或者底盘等大部件要改头换面重新配置，那么，就不能再享受免税优惠，而要依据同类型新车最低计税价格的70%作为其最低计税价格。

以上这些与车购费征收时的规定没有区别，也没有增加额外负担，也难怪车辆购置税尽管在开征前夕许多人担心会增加负担，甚至出现了排队挤购新车的现象。但事实胜于雄辩，车辆购置税顺利开征，各种传言便不攻自破。

车辆购置税实行从价定率、价外征收的方法。从价定率是说，应税车辆的价格（计税价格）是车辆购置税的计税依据。具体而言，“购买”自用的情况下，其车辆计税价格是纳税人为买车支付给销售者的全部价款和价外费用，但不包括增值税税款。对于“进口”自用的情况，车辆的计税价格包括三部分，即关税完税价格、关税、消费税。其他四种购置方式，即“自产”自用、“受赠”自用、“获奖”自用和“其他方式取得”自用，这些应税车辆由于没有“一手交钱、一手交货”的成交过程，其计税价格是由主管税务机关参照核定，依据国家税务总局针对不同类型车辆规定的最低计税价格征税。

社会保障税蓄势待发

● 开征社会保障税，变费为税，好处良多。从征管方面看，税收法律远比收费的行政文件规范严密，更易为企业、个人所接受。另一方面，用征税的形式筹集社保基金能将收和支独立，既能保证税款及时、足额地缴入国库；又便于加强资金运用的管理。

提起社会保障，总让人感觉暖意盈怀。在高福利国家，社会保障撑开的温情大伞为公众遮风挡雨，消除了老百姓的后顾之忧。可是，政府不可能妙手空空，点石成金，巨额的社会保障支出也是羊毛出在羊身上。社会保障税取之于民，用之于民，是政府提供社会保障的主要财源。目前，全世界有172个国家和地区建立了社会保障制度，其中近100个国家开征了社会保障税。在法国、德国、瑞士、丹麦、瑞典等国，社会保障税已成为头号税种。

在我国，长期实行计划经济，城镇职工的生老病死都由国家包着。有了铁饭碗，就进了保险箱，没有了后顾之忧，不需要为生计发愁。计划经济的低工资制度暗含着一个政府承诺：把钱交给我，将来负责你们的养老。“山中无甲子，寒尽不知年”。城镇职工优哉游哉，躺在计划经济的福利大网中。实践证明，计划经济下的政府承担了很多不该做也无力做的责任，政府事无巨细，统统包办，最终力不从心，难以为继。事易时移，变法宜矣。于是，我国政府从 1983 年开始着手建立新型的社会保障体系。

各类社会保险机构在社会保障体系中担当了主角。它的资金来源是统筹缴费。所谓统筹缴费是指通过收费的形式获得社会保障基金，如养老保险、基本医疗保险、失业保险等，由劳动者和企业共同支付。它与社会保障税一样，也是社保资金的一种筹集方式。在此种方式下，获取的基金不直接作为财政收入，也不纳入政府预算。通常，这部分基金归口政府专门机构管理，这个专门机构，在我国是劳动和社会保障部门。如果说，这些部门没有尽职尽责工作也太委屈了他们。可是，征缴社保基金的过程中却的确出现了很多问题。其中最突出的莫过于社保基金挪用问题。有资料显示，仅仅在 1996 年，被挪用的社会保障基金竟有 62 亿元之多。另一个突出问题是企业欠缴社会保障费的现象严重，据统计，到 2001 年底，全国企业欠费高达 359.39

亿元，有 207 家企业欠费数额超过 1000 万元。

说起保命钱被挪用、挤占、浪费，人们无不拍案而起，义愤填膺。但冷静地想一想，社保基金被非法挪用等也是事出有因。既然这种资金筹集方式不纳入政府预算，没有实行收支两条线，也就是说，收上来的钱征缴部门随时可以支配，这无异于给有关部门提供了监守自盗的机会。毕竟，人心都是肉长的，抵不住“孔方兄”的诱惑，心里有了活思想，钱就搬家，要么挪用、要么挤占、要么就浪费了。至于欠费问题，社保机构也是叫苦不迭。他们三番五次去收费，可就是收不上来，除了反复去收，别无他计。毕竟这种收费方式与强制性税收相比，与税收的法律保障比起来，自然不可同日而语。如果把社保机构比做社区负责安全的保安部，那么，税务部门就是派出所，职责上都是为了安全，但管理力度上，可说是天上地下。社会保障部门面临尴尬也就自不待言了。

适时开征社会保障税，变费为税，好处良多。从征管方面看，税收法律远比收费的行政文件规范严密，更易为企业、个人所接受。而且，税务机关聚财经验悠久、征管手段先进，征缴税款驾轻就熟，并且“兵强马壮”，不需再从人员、办公设施等方面追加新的投入，这比多设一套社保机构执行成本要低得多。另一方面，用征税的形式筹集社会保障基金能将收和支分在两个独立的系统，既能保证税款及时、足额地缴入国库；又便于加强资金运用中的管理，防止发生滥用、挪用、差额拨付等不规范行为发生。

从实践的情况看，自 1998 年开始，全国陆陆续续有 14 个省市，例如，广东、江苏、重庆等已经对社保费用的征收动了手术，改由地方税务部门代征。这无疑为社会保障税的闪亮登场扫清了一些障碍。可是，不容否认，尽管锣鼓紧敲密打，社会保障税这位“角”还是犹抱琵琶半遮面，迟迟没有登台。不过，据消息灵通人士透露，高层决心已定，实施只是时间问题。

任何一项大的税收制度都要经过缜密的论证。在如何建立社会保障税上，目前有三种主流意见。一是将现有的三大保险项目（养老、失业、医疗）独立，均作为一个税种提出来，分别设立养老保险税、失业保险税和医疗保险税；二是建立全国统一的社会保障税，把“养老、失业、医疗”分别作为税目，形成大一统的社会保障税体系；三是建立全方位的社会保障税，先按“基本养老、基本医疗、失业”三个税目开征，摸索经验，创造条件，待时机成熟后再开征“农村养老、农村医疗、工伤、生育”等税目，为建立全国统一的社会保障体制铺平道路。对此，有专家指出，不论采取哪种“费改税”方式，都存在两个不可忽视的问题：一是科学合理地确定税率。过高的税率会加重企业和职工的负担；过低则会使国家财政入不敷出，降低社会保障基金的承受能力；二是要解决信息不对称问题。税务部门要疏通渠道，准确掌握企业和职工的纳税能力。这两个问题解决得好不好，直接关系到社会保障税成功与否。

从经济学原理上讲，社会保障制度是一种公共物品，具有外部性。也就是说，很多人都会觉得自己年纪轻轻，没病没灾，纳了税让别人享福，心有不平。而且也都想不纳税，巴望着政府提供一份免费的社保午餐。社会保障体系不可能靠市场自发形成，政府对此责无旁贷。如果把社会保障这种互助形式比做一种全社会的储蓄，那么政府的任务就是如何强制吸储，不断把社会保障这块蛋糕做大，并尽量合理分配。前面讲的社会保障“费改税”谈到了强制收缴、资金管理。还有一个重要的方面就是如何使用。从我国的国情看，比较好的办法还是要全国统筹使用，否则，像东北等老工业基地，退休职工占企业的50%以上，而深圳等地就没有那么多退休职工。如果各起炉灶，互不援手，就造成苦乐不均，该保障的得不到保障的情况。

当然，还有一些问题也引起了众多的关注。比如，实行了社会保障税，原来收取的社会保障基金如何处理呢？这笔钱数目不菲，决不能变成死钱，而要想尽办法增值，把死钱变成活钱。不管原来的社保机构怎样改，一个大的思路恐怕错不了，那就是必须有一个能够健康运行的机构负责统筹使用社会保障基金，国家应该有一套严密的监管制度，既避免滥用，以保证投资安全，又要开拓更多的投资渠道，让这笔钱为公众发挥更大作用。

行为税类

谁使用车船谁上税

调整印花税正当其时

安居广厦话契税

筵席税遭遇尴尬

谁使用车船谁上税

● 任何一种税收，除了可以敛财，还能发挥调控经济的作用。车船使用税自然不例外，因该项税收归地方，自然可以助地方财政一臂之力。在全国的税收总收入中，车船使用税所占份额虽然不高，其作用却不可小视。

中国文字博大精深，谈到车船使用税，毋庸置疑，是以车、船为课税对象。但为什么没有简而化之，称为车船税？原来，车船使用税是对使用的车辆船舶征税，倘若不使用是不需交税的。譬如，新买的车辆，不管是暂时不用还是根本就是买来做摆设，车船使用税这个税种便与其无关。已纳税车辆，如果暂时要束之高阁，没有关系，只需向税务机关说明，停用期间即可享受免税。这些规定传达出一个信息：车船使用税，使用交税，不使用免税。

追溯起来，车船征税起于汉代，公元前129年“算商车”开始实行。“算”就是征税单位，一算是120钱，所谓商车是指专门用来装载货物的商用车辆船只。后来，非商用车船也逐步进入计征范围。到了近代，鸦片战争后，对船只征税，来了个内外有别，对外国船只征收“吨税”，即按照吨位计征，内地船只则征“船料”，即按船只载料多少、运途远近计算征税。执行不长时间就停征了。再次征收已经到了民国三十一年，改头换面后成为使用牌照税。

解放后，从1951年开始在全国范围内开征车船使用牌照税。在1973年简化税制中，车船使用牌照税并入工商税。10年后，1984年恢复了车船使用牌照税，但暂缓征收。同年，国家实行第二步利改税，对工商税制进行全面改革。恢复开征了许多税种。1986年，车船使用税正式开征，取代了车船使用牌照税，此番改换名称主要是为了避免歧义，因为乍听起来，车船使用牌照税似乎是对牌照征税，而车船使用税才还原其开征本意——对车船使用征税。

车船使用税的征税对象有两类：行驶于公共道路的车辆；航行于国内河流、湖泊或领海口岸的船舶。车船一词覆盖面很广，既包括机动车船，也包括非机动车船。其中，机动车包括乘人车、三轮摩托车；非机动车则包括人力车、畜力车，还有自行车。而机动船包括轮船、拖船、渡船、机帆船，对应于机动船，木船、驳船、帆船等统统在非机动船之列。

至于纳税人，指的是境内拥有且使用车船的单位和个人，外国企业、外商投资企业享有免税待遇，外籍个人，港、澳、台同胞也不需缴纳此税。众所周知，所有权和使用权常常是分家的，比如，雨后春笋冒出的汽车租赁业务，到底是租车的还是出租的交税？国家规定，自主权下放，两家协商，协商由租车方交税，那么租车一方就是纳税人；反之，出租一方就得去交税。当然，通常的情况下，出租一方会移花接木，把税负转嫁给租车一方。倘若双方没有商议，默认为由使用人纳税。

在税率方面，车船使用税采用定额税率，即对征税的车船，规定单位固定税额。税法明确规定，对于机动车（载重汽车除外）和非机动车，应纳税额 = 应税车辆数量 × 单位税额；对于载重汽车、机动船和非机动船，应纳税额 = 车船的载重或净吨位数量 × 单位税额。这只是原则性的规定，具体操作起来可谓千人千面：辆、净吨位、载重吨位等都可作为计税依据。譬如，载货汽车和机动船按照“净吨位”计征而非载货汽车按“辆”交税，至于非机动船，按“载重吨位”征收，倘若是拖轮则按马力折合净吨位征税。

车辆和船舶的特点不同，车船使用税征收也量体裁衣，采用不同的适用税额。比如，船舶通常跨地区航行，像是“流动人口”，当地政府很难管理，为保证税负公平，由国家统一确定税率；对于车辆征税权，则下放给地方，国家出台《车辆税额表》，在规定的幅度内，各省、自治区和直辖市人民政府自行确定税率。举个例子，税法规定，客货两用汽车载人部分按乘人汽车税额减半征税，载货部分按机动载货汽车税额征税，具体办法由省、自治区、直辖市人民政府规定。机动车中乘人汽车，每辆车每年税额，国家规定为 60 至 320 元之间，那么，各省市可以在此范围内选择合适的税额。2003 年，北京地税局公布 10 座以下的乘人汽车每辆车的车船使用税每年 200 元，正好落在 60 到 320 的区间。

除了前面讲的外资企业、港澳台同胞享受优惠外，还有七类使用者可以免缴车船使用税。它们是：国家机关、人民团体、军队自用的车船；国家财政部门拨付事业经费的单位自用的车船；载重量不超过一吨的渔船；专供上下客货及存货用的趸船、浮桥用船；各种消防车船、洒水车、囚车、警车、防疫车、救护车船、垃圾车船、港作车船、工程船；按有关规定缴纳船舶吨税的船以及经财政部批准免税的其他车船。

任何一种税收，除了可以敛财，还能发挥调控经济的作用。车船使用税自然不例外，因该项税收归地方，自然可以助地方财政一臂之力。但车船使用税，十八般武艺，样样有一套，决不是程咬金的板斧，横竖只有三招。集中资金只是其诸多作用中的一个。在收税的过程中税务部门往往参与一些联合行动，配合有关部门加强车船管理，维护公共道路，保养航道标志，改善市政建设等等，所以，在全国的税收总收入中，车船使用税所占份额虽然不高，其作用却不可小视。

当然，现行的车船使用税也并非十全十美，对一些税种的设置纳税人也是颇有微词。自行车税是否应该停征就是争论的一个热点。1951 年，当时政务院出台了《自行车使用牌照税征收条例》，征收对象为中国境内的自行车，每年每辆征收 2 元。当时国家刚解放，人民生活相对困难，自行车作为人们生活中的“三大件”属于高档的奢侈品，是一种身份的象征，不亚于现在的轿车，因而开征自行车税具有财产税的特征，其对收入的调节日的比较明显。到了 20 世纪 90 年代初，我国自行车拥有量就超过了 2 亿辆，再征收自行车税，目的就不再是调节收入分配而是增加财政收入了。支持收税一方主要是从其对财政的贡献来看的，每辆车每年收税 4 元（上海是 8 元），但自行车数量可观，汇集起来不是一笔小数目。但反对者却认为，该税税基虽然大，但税费低，征收成本却很高，征收起来劳心劳力，很有点儿得不偿失。目前，许多省市自行车税已经叫停，即便还保留此税的省市，像天津、北京和上海也只能低调征收，因为征收起来的确多有不便。对此，我们不妨看看国外的情况。为减少大气污染，保护环境，在很多发达国家，自行车和其他非机动车享受免税，目的是鼓励公民使用非机动车，减少使用机动车。而我国的做法却与其截然相反，孰优孰劣，道理不言自明。任何一种税收都要首先立足于本国国情，但也要适应世界潮流，与国际上通行做法接轨，即使一个好的税种，比如车船使用税，也不可违背上述两个原则，拘泥于古，一成不变。

调整印花税正当其时

● 有人说，股市是一国经济的晴雨表，对股价的涨涨落落，政府满可以听之任之，不闻不问。但当遇到股市持续走低，或者过度升温时，却需要政府出手干预。实践证明，政府根据股市整体走向反向调节证券印花税是确保股市健康发展的有力手段。

近年来，沪深股市持续低迷，交易量萎缩。如何刺激股市，使其重新回暖，仁者见仁，智者见智。许多人认为，充分发挥印花税的调控功能，适当调低证券交易印花税，扩大税基，实行单边征税，有利于调动投资者的积极性，挽回股市长期疲软的颓势。

印花税是行为税制的一种，所谓行为税制：是以特定行为作为征收对象的税种。印花税针对的特定行为是应税凭证的书立和领受。《中华人民共和国印花税暂行条例》规定，对五类凭证征收印花税，即经济合同、产权转移书据、营业账簿、权利、许可证照和经财政部确定征税的其他凭证。相应地，印花税纳税义务人有四种：立合同人、立账簿人、立据人和领受人。不难看出，印花税覆盖面广，税源充足，涉及经济生活的众多领域。与所得税不同，收取印花税并不考虑纳税人是否盈利。只要合同书立，或者凭证领受就要依法纳税（贴花），至于合同是否履行，履行情况如何，收税方概不负责，而且，合同一经贴花，税款便有去无回。印花税的这一特点，从某种程度上减少了盲目签约、草率违约。因为如果双方言而无信，那么，缴纳的印花税便相当于拿钱打了水漂。

征收印花税容易为纳税人所接受。缴纳印花税给合同双方吃了粒定心丸。因为一纸合同贴上了税花，便取得了合法地位，甭管哪一方，手里拿着一份有效合同，万一哪天打起官司，不愁法院不受理。另外，较之其他税种，印花税的负担也相对较轻，以我国为例，印花税有两种税率：定额税率和比例税率。定额税率按件计算，每件 5 元；比例税率中最高为 0.4%，最低为 0.05%，而增值税税率为 13%或 17%，营业税最低也要 3%。

印花税纳税手续简便，令其他税种难以望其项背。其他税种得先行申报，经税务机关确定税额然后再交税。而印花税纳税则不同，它采用“四自”方式，即自行计算税额，自行购买税票，自行粘贴，自行注销，简便易行。有了如此诸般好处，印花税在全球大行其道也就不足为奇了。

在我国的印花税构成中，证券交易印花税占了大头。2000年此项收入达478亿元，同期印花税收入522亿元，前者占后者的91.57%。1991—2000年的10年间，证券交易印花税收入一路提升，是我国税收收入中最强劲的增长点。统计资料显示，沪深股市提供的证券交易印花税总额达1461.58亿元，年均递增210.39%。证券交易印花税占税收总额的比重也由1992年的0.13%提高到2000年的3.78%。

与增加财政收入相比，印花税调控经济的作用更为政府所倚重。有人说，股市是一国经济状况的晴雨表，股价的涨涨落落，只要是市场的正常波动，政府满可以听之任之，不闻不问。但当遇到股市持续走低，或者过度升温时，却需要政府出手干预。实践证明，政府根据股市整体走向反向调节证券印花税是确保股市健康发展的有力手段。

正是循着上述思路，10年来证券交易印花税进行了多次调整：1990年6月，深圳首先开征股票交易印花税，由卖出股票者按成交金额的0.6%缴纳。同年11月，对股票的买方也开征0.6%的印花税。1991年10月，深市低徊不前，政府及时将印花税率下调了一半，降至0.3%。上海效仿深圳的做法，沪市对股票买方、卖方实行双向征收，税率也定为0.3%。6年后，中国股市寒去暑来，股市出现过度投机，政府因势利导，将证券交易印花税率由0.3%提高到0.5%。亚洲金融危机发生后，为稳定股市，增强投资者信心，1998年6月，证券交易印花税由0.5%调低至0.4%。次年6月，为活跃B股市场，国家税务总局决定将B股交易税率降低为0.3%。2001年，中国经济出现紧缩迹象，股市成交量明显萎缩，为此，当年11月，财政部发出通知，再次调低证券交易印花税税率。对A股、B股股权转让书据，由立据双方当事人分别按0.2%的税率纳税。

应该说，我国政府对印花税的调整一直判断正确，出手及时，成效明显。但为什么调整印花税的呼声还在不断高涨呢？上面的分析只是一个纵向回顾，是自己跟自己比。如果换一个角度，与世界各国做一横向比较，就会对这个问题有更深一层的认识。首先，拿印花税的税基做一比较。目前，我国对二级市场上的股票交易征税，而企业债券、投资基金、国债、金融债券等交易免税，国家股、法人股交易也免税。不仅如此，对二级市场外交易，印花税鞭长莫及，没有涵盖。也就是说，与其他国家相比，我国的印花税税基狭小。而目前，宽税基的理念正为各国所接受，在许多发达国家，二级市场上的股票交易、金融债券、企业债券、投资基金等交易、二级市场以外的股票交易和转让等，都在征收之列。

如果再将证券交易税作一下比较，我们发现，与拓宽税基的做法正相反，发达国家大部分已停征了证券交易印花税。而保留此项税种的国家包括许多新兴市场国家和地区，税率则普遍较低，以巴西为例，其股票交易最高0.027%，期权交易最高0.03%，股票远程交易为0.012%，公司债券为交易金额0.014%。证券交易税负降低，还体现在征收方式的变化上。清一色的双边征收格局被打破，单边征收粉墨登场，单边征收和双边征收，与手机单向收费和双向收费类似。譬如英国、爱尔兰、韩国，或者对买方单边征收，或者对卖方单边征收。这种单边收费相当于调低了印花税税率。

另外，过去征收证券交易税只看成交量而不看收益情况。也就是说，不论是长期投资者还是短线投机者，不论是盈利的庄家还是赔本的散户，大家适用同样的税率，这样看似公平，实则不然。正是由于意识到了这一点，一些国家开始实行差别税率，根据交易频次、成交额度、投资收益等多个方面实行差别税率，对持有期限较长的投资者课征较低税率。对短期炒家从高征税。这既有利于保护中小投资者的利益，又能防止股市的过度投机，并且，还能够改变这样一种现状：亏损投资者与盈利投资者适用同等税率，承担相同税负。

加入 WTO，中国的金融市场正在加快对外开放。证券市场将会面临前所未有的竞争压力。有专家认为，证券市场的印花税其实是一种资金净流出，过高的税率会形成一个巨大的资金漏斗，影响市场的良性发展；此外，税率过高增大了交易成本，导致资金回报率下降，从而抑制投资者的交易行为。由此看来，本着“税负从轻，税基从宽”的精神，对我国的印花税进一步进行调整，既正当其时，也是大势所趋。

安居广厦话契税

● 契税中所涉及的契约包括两类：一类是土地使用权转移，如国有土地使用权出让或转让；另一类是房屋所有权转移。更规范一点讲，应该称为土地、房屋权属转移，如房屋买卖、赠送、交换等。

有人点评说，近两年的国内市场，是“冷了股市，热了楼市”。的确，与股市一路低迷相反，各地的房地产市场热闹红火，供销两旺，房地产商借风行船，狠狠赚了一笔。正所谓“不挣钱，请我也不来；有钱赚，腿都能跑断”。房地产市场这块风水宝地，引得淘金者纷至沓来，都想一展身手，大快朵颐，竞争空前加剧。于是，有人标榜楼盘的“黄金地段”；有人宣传楼房的“经典设计，时尚品位”；还有的房地产商打出“买房免契税”的广告，宣称由开发商代购房人缴纳契税。精明的买房者闻此怦然心动，对照契税的有关规定，私下里一合计，代缴契税的房子相当于打折派送，算计准了还真划得来。

契税是对契约征税，属于财产转移税，由财产承受人缴纳。对不动产买卖和典当征收契税最早可追溯到东晋，当时叫估税，此后，历朝历代，延续下来。契税是一种重要的地方税种。在土地、房屋交易的发生地，不管是单位还是居民，国人还是外商，只要所有权属转移，都要依法纳税。目前，契税已成为地方财政收入的固定来源。以天津为例，1998 年契税收入 1600 万元，伴随着房地产市场的活跃，契税收入节节攀升，1999 年已达 1.3 亿元，到 2000 年更是高达 2.7 亿元。在全国其他地方，契税收入也都呈迅速上升态势。

契税中所涉及的契约包括两类：一类是土地使用权转移，如国有土地使用权出让或转让；另一类是房屋所有权转移。更规范一点讲，应该称为土地、房屋权属转移，如房屋买卖、赠送、交换等。除了买卖、赠送、交换外，房屋所有权转移的方式还有很多种。比如前一段时间，拍卖刘晓庆在亚运村的房产充抵其涉嫌偷税的 1458.3 万元。根据国家有关规定，以房屋所有权抵债与房屋所有权转移视为同类契约，也就是说，在刘晓庆房屋拍卖中，中标一方也得缴纳契税。再比如，外资老板到某市办厂，当地居民以房屋作价入股，也要缴纳契税。此外，还有两种常见的房屋权属转移按规定要缴纳契税：因特殊贡献获奖，奖品为土地或房屋权属；或者预购期房、预付款项集资建房，只要拥有房屋所有权就等同于房屋买卖。

上述各类土地、房屋权属转移，方式各不相同，契税定价方法当然也就各有差异。契税的计税依据归结起来有四种：一是按成交价格计算。成交价格经双方敲定，白纸黑字形成合同，税务机关以此为据，直接计税。这种定价方式主要适用于国有土地使用权出让、土地使用权出售、房屋买卖。二是根据市场价格计算。土地、房屋价格绝不是一成不变的，比如，北京成为 2008 年奥运会主办城市后，奥运村地价立马飙升。该地段土地使用权赠送、房屋赠送时，定价依据只能是市场价格而不是土地或房屋原值。三是依据土地、房屋交换差价定税。随着二手房市场兴起，房屋交换走入百姓生活。倘若 A 房价格 30 万元，B 房 40 万元，A、B 两房交换，契税的计算自然是两房差额，即 10 万元。同理，土地使用权交换也要依据差额。等额交换时，差额为零，意味着交换双方均免缴契税。最后一类，按照土地收益定价。这种情形不常遇到。假设 2000 年，国家以划拨方式，把甲单位土地使用权给了乙单位，3 年后，经许可，乙单位把该土地转让，那么，乙就要补交契税，纳税依据就是土地收益，即乙单位出让土地使用权的所得。

在税率设计上，契税采用幅度比例税率。目前，我国采用3%—5%的幅度比例。国家定下大框框，各省、自治区、直辖市在这个范围可以自行确定各自的适用税率。譬如，上海把契税税率确定为3%；北京在2002年7月1日之前税率为4%，之后，适应变化了的条件重新修订税率为3%。近年来，为了扩大内需，引导个人住房消费，启动房地产市场，各地纷纷从契税上做文章，契税的税率出现了下调的趋势。如上海从1999年开始对个人购买普通商品住房减半征收契税。减半后契税比例为1.5%。我们可以算笔账，50万元一套的住宅，减税后仅契税一项就可节省7500元。不过这项优惠只针对普通住宅，至于高档住宅，像别墅、度假村等，属于高收入者的奢侈消费，不属于国家政策的倾斜对象。从表面上看，税率调下来了似乎会影响国家税收。可事实正相反，由于减税能极大地刺激房地产市场，税收总量往往不降反升。比如，北京将契税的税率下调一个百分点后，7个月的时间里房屋土地交易面积达1709万平方米，交易金额157亿元。北京地税系统征收契税9.7亿元，同比增收2.4亿元，增幅高达32.33%。

和其他税种一样，契税也有减免税规定。例如，对国家机关、军事单位、事业单位、社会团体承受的土地，当其房屋用于办公、教学、医疗、科研、军事设施的免征契税。这项免税政策的背后与这些单位经费大多源于预算拨款有关，但更重要的是免税措施配合国家产业政策规划，对于发展教育、医疗、科研，加强国防力量，有着四两拨千斤之效。再比如，80年代后住房制度改革逐渐铺开，为鼓励职工购买公房，减免税收不失为一招好棋。国家适时出台措施，规定城镇职工第一次购买公有住房免征契税。此外，因不可抗力灭失住房而重新购买住房的，酌情准予减征或者免征。当然，税收部门还可根据宏观调控的需要适时调整减免税的范围、幅度。

在契税征收管理上，交税时间有着明文规定。这个时间税法称之为纳税义务发生时间。房地产交易形式多样，情况复杂，有时频繁易手，多次成交。如不及时收缴，难免造成税源流失。正因如此，1997年颁布的《中华人民共和国契税暂行条例》规定，契税交税时间为合同签订当天，或者是经政府部门确定后取得契约当天；倘若土地、房屋改变用途，需要补交契税，交税时间指用途改变当天。纳税人应当自纳税义务发生之日起10日内到土地、房屋所在地的契税征收机关办理纳税申报，并在其核定的期限内缴纳税款。

筵席税遭遇尴尬

● 筵席税自1988年开征以来，税收收入一直不丰。到1994年，国家税制改革，筵席税下放，由各地自行确定收税与否，税款上缴地方财政。到2002年1月1日，全国各省市都取消了筵席税。开征的筵席税本是出自一番好意，结果遭遇尴尬，中途夭折。

“有朋自远方来，不亦乐乎?”国人好客，亲朋好友来了，主人往往尽其所能，七个碟子八个碗，款待对方酒足饭饱。不过，受经济条件限制，过去请客也就是在家张罗，没多少人掏得起钱，经常请客下馆子。随着生活水平的提高，客人来了也好，朋友小聚也罢，大都会到饭店订桌饭局，撮上一顿。至于商务往来，公款消费，更是充斥高档饭店，一餐下来，动辄成千上万，也已屡见不鲜。除了好客以外，中国人又崇尚节俭，“历览前贤国与家，成由勤俭败由奢”。或许是为了防止奢靡之风，抑制畸形消费，政府于1988年推出了筵席税。

筵席税的纳税人是在营业场所举办筵席的单位和个人。这里所说的营业场所，包括饭店、酒店、宾馆、招待所、餐厅等等。既是营业场所，家庭自然不在此列。就是说，在自己家里请客是免征筵席税的。不过当初开征筵席税时家宴也涵盖其中，只是考虑到去居民家收税，管理、监督多有不便，后来也就停征了。

我们的筵席税，说起来是严以律己，宽以待人的，何出此言？原来，港澳台同胞、海外侨胞、外国人，这些人请客吃饭，国家不仅不限制，反倒举双手赞成。道理很简单，他们消费，我们是求之不得，毕竟支持旅游事业发展，增加外汇收入，是不可多得的好事。而且，我们征收此税的初衷根本是为了引导国内合理消费，反对公费请客，铺张浪费。

事实上，筵席税自 1988 年开征以来，税收收入一直不丰。到 1994 年，全国筵席税收入仅为 87 万元。当年，国家税制改革，筵席税下放，由各地自行确定收税与否，税款上缴地方财政。除内蒙古、陕西等少数省份开征外，多数地方都停征了筵席税。到 2002 年 1 月 1 日，内蒙古也取消了筵席税。本是出自一番好意开征的筵席税，为何会遭遇尴尬，几乎已形同虚设呢？

税负过高是筵席税实行难的重要原因。我国筵席税税率定为 15%—20%之间，远高于一些生产环节的税负。起征点定得也比较低，每餐花费 200—500 元就要上税。这一标准，不仅指菜价，酒水、饮料、香烟、主食全部算在里面。如果按现在的消费标准，在大中城市恐怕哪桌酒席都得交一笔筵席税。这样看来，一餐下来，涉及的税可真不少。就拿酒来说吧，饭店买回来的酒含增值税，客人购买餐饮服务这里面又含着营业税，一不留神喝多了，还得再计征一道筵席税。有道是，砍头生意有人做，赔本买卖无人干。饭店自然会想方设法让食客做冤大头，把增加的税负转嫁到他们身上。可是，如果因此背上个宰客的名声也会丢了回头客，生意难做长久。所以，餐饮业对筵席税的态度是满肚子不乐意，能漏就漏，省一个是一个。

税收征收成本高是筵席税难以为继的又一原因。道理明摆着，税务人员是下面千条线，上面一根针，各种各样的税，如果都由他们一手操办，只能是有心无力，事倍功半。特别是筵席税，总不能让税务人员成天饿着肚子，一桌桌地算计花费多少。因此，筵席税采用代征代缴方式。也就是说，由经营餐饮业一方负责代征代缴筵席税。筵席税的收缴方式使征收难以得到保障。譬如说，一拨客人到 A 餐厅吃饭花费 600 元，A 餐厅应该代征税金，可如果餐厅老板循规蹈矩，照章办事，不免开罪了食客。此处要收税，自有免税处。头脑活泛的 B 餐厅老板把 600 元餐费一分为三，开了 3 张 200 元的发票，低于税法规定的起征点，神不知鬼不觉把税抹平了，买卖双方皆大欢喜。税务部门纵有三头六臂也不能洞察秋毫，即便哪家饭店倒霉被税务检查抓个正着，也无非交点罚款了事。对此，税务部门虽早有察觉，也采取了一些措施，比如，对遵纪守法的餐厅按照代缴税款提取一定比例作为代征手续费给商家。可商家更精明，一餐几十元的代缴税款，代征手续费恐怕只有区区几元钱，比起客人的消费来说，真是小巫见大巫。如此看来，筵席税征不上来也就不足为怪。

筵席税下放以后，大多数地方取消了这块税收，并非出自无奈而是从经济生活实际出发采取的明智之举。当初国家开征筵席税有其特殊的时代背景。20 世纪 80 年代，中国经济持续升温，富裕阶层开始形成，穷人乍富，不可避免地出现了一些追求奢华、高消费、大吃大喝现象。这一时期，腐败现象也开始抬头，公款请客送礼、大吃大喝之风迅速滋长。国家开征筵席税本意是引导消费，制止腐败，本无可厚非。但时间一晃过去十几年，经济形势早已不同过去。随着计划经济向市场经济过渡，国内市场由原来的供不应求变为供过于求，一方面买方市场形成，大量商品积压卖不出去，另一方面，受亚洲金融危机影响，中国经济出现了紧缩迹象，内需不足成了大问题。扩大内需拉动经济增长已成为当务之急。而扩大内需，既包括投资需求，也包括消费需求。别小看一桌酒席，不知要带动多少产业，创造多少就业机会。再看筵席税，横刀立马，对消费发难，与当前的经济形势很有些背道而驰的味道。再说惩治腐败，恐怕还要多想想别的法子，从源头上做文章。事实证明，靠征收筵席税想刹吃喝风，像是隔山打虎，发挥不了大作用。

筵席税在内蒙古开征和停征，为上述观点提供了很好的实践支持。1988 年，国家出台《筵席税暂行条例》，当年筵席税就落户内蒙古自治区。1994 年筵席税下放，内蒙古是少数保留该税种的地方之一。作为一个内陆省份，内蒙古经济欠发达，财政开支时时捉襟见肘。筵席税作为地方税种，它的征缴对地方财力增加大有裨益。但形势变了，人们的观念也会发生变化。比如唐朝时，以丰腴为美，圆润丰满的杨玉环是人们的偶像。可如今，骨感美人大行其道，减肥、瘦身成为时尚。税种设置也是如此，当年的优秀税种会随着经济形势的改变而变得不合时宜，风光难再。内蒙古属西部大开发战略要地，开发西部、谋求经济发展是紧急要务。俗话说，无工不富，无商不活。要吸引投资，广交朋友，没有正常的应酬交往，在中国恐怕还不行。筵席税收入事小，招商引资事大。2002 年 1 月 1 日起，内蒙古自治区宣布停止征收筵席税。

其他税类

资源税征收“八字诀”

城市土地不是免费午餐

专司“内政”的房产税

向“子承父业”者征税

“皇粮国税”牵动农业兴衰

资源税征收“八字诀”

● 资源税的征收原则被概括地称为“八字诀”：普遍征收、级差调节。所谓普遍征收，有两重含义：普遍征税对象，普遍纳税人。所谓级差调节，是指对开采者征税时，资源条件好的税额高一些；资源条件差的税额低一些。

俗话说，开门七件事，柴米油盐酱醋茶。在人们的日常生活中食盐必不可少。因而历朝历代都将食盐作为重要的税源。即使在政通人和的大唐盛世，法令也明文规定：“盗卖一石（食盐）者，即处死刑。”足见对此重视程度之高。在我国现行税法体系中，食盐作为一个税目与矿产资源平分秋色，共同列入资源税名下。

我们知道，盐的品类很多，按出产地可分为海盐原盐、湖盐原盐、井矿盐；按其形态可分为固体盐和液体盐。税法将这些形形色色的盐，全都列入了征税范围。除食盐外，资源税中另一大类是矿产品，应税的矿产品共分成六个税目，分别是原油、天然气、煤炭、其他非金属原矿（如宝石、石墨等）、黑色金属矿原矿（如铁矿石、锰矿石等），再加上有色金属矿原矿（如铜矿石等）。

世上三百六十行，行行都有自己的规矩。同样，税法种类繁多，也各有自己的设计原则。资源税的征收原则被概括地称为“八字诀”：普遍征收、级差调节。所谓普遍征收，有两重含义：普遍征税对象，普遍纳税人。普遍征税对象是指只要是上述七类产品，必须按规定缴纳税款；而普遍纳税人则意味着几乎所有从事资源开采或生产单位和个人必须照章纳税。当然，普遍中也有例外，税法把中外合作开采石油、天然气的单位大笔一挥，划出了资源税纳税人队伍，对于他们只是征收矿区使用费。另外，税法还规定开采原油过程中用于加热、修井的原油免予征税。纳税人开采或者生产应税产品时，因意外事故或者自然灾害等遭受重大损失的可以酌情减税或免税。独立矿山应纳的铁矿石资源税以及有色金属矿的资源税，可以减征税款。

所谓级差调节是指现行的资源税属于级差资源税。也就是说，对开采者征税时，资源条件好的税额高一些；资源条件差的税额低一些。其中的道理，一点即通。我国国土面积广大，资源禀赋有丰有寡，就像是运动员，先天条件千差万别，有的人高马大，有的矮小灵活，如果想在篮球场崭露头角，显然高个子机会多，若是体操比赛，当然个子矮小占优势。资源也是如此，同样存在地区差异，比如山西以煤矿著称，而华北则油田丰富。由于资源地区差异大，所以要南水北调，西气东输。即使同一种资源，地理位置、开采条件、储量大小，也各不相同。针对这些情况，税法本着多得多缴，少得少缴的精神，采取从量定额征税，幅度固定税额的办法，对资源的级差收入，进行适当调节。税法明确规定，原油的税额幅度为8—30元/吨，天然气的税额幅度为2—15元/千立方米，煤炭0.3—5元/吨，其他非金属矿原矿0.5—20元/吨（或立方米），黑色金属矿原矿2—30元/吨，有色金属矿原矿0.4—30元/吨，固体盐10—60元/吨，液体盐2—10元/吨。

在我国，资源税是个小税种。以2000年为例，资源税收入63.6亿元，在当年税收总额中比重仅为0.5%。设立资源税的初衷是通过税收调节，促进自然资源合理开发。资源税自开征以来，覆盖范围在逐步扩大。1984年资源税正式推行时征税范围十分有限，只对石油、天然气、煤炭、铁矿石的开采征税。1993年12月盐税正式加盟到资源税中，矿产品一统资源税天下的格局被打破，取而代之的是食盐和矿产平分秋色的新税制。一晃又一个10年过去了，继续拓展资源税的新领域已经提上了议事日程。

大凡资源都是越用越少，不可再生。上亿年才形成的煤炭、石油，如果不省着点用，没等新能源开发出来就消耗殆尽，那样，后世无资源可用，将为此付出更大的代价。从一国范围来看，自然资源的战略意义非同小可。如果资源用尽，单靠进口，便要仰人鼻息，受制于人。美国、日本等发达国家，或者对国内资源开采实行高税收政策，或者干脆将有限的资源储而不采，宁愿到国外进口也要为将来留一条后路。

我国的资源税不仅适用税率偏低，而且覆盖面相对狭小。从资源税的涵盖范围来看，水资源和非矿产资源已经被许多国家列入资源税，予以开征。比如俄罗斯，人均水资源远比我们丰富，他们却早就开征了水资源税，而且还设计了四个税种：开采地下水矿物原料基地再生产税、工业企业从水利系统取水税、使用地下水资源税、向水资源设施排放污染物税。我国水资源本就短缺，用水又比较浪费，而且水资源污染问题也愈益突出，尽管近年来呼声不断，水资源税却迟迟没有开征。

从税率来看，出于保护民族工业、保护相关行业、减轻企业负担等原因，某些矿产品的税率不仅没有提高，反而逐步减少。比如，国家曾先后三次下调铁矿资源税，如今，征收标准已减少到原来的 40%。而且按照有关规定，由减税造成的地方减收，中央财政给予适当补贴。的确，一些传统的矿产区为国家经济的发展做出过贡献，但由于长期过度开采，目前生产成本居高不下，并且随着国企改革的深入，这些企业也面临着许多实际困难。对政府来说，国企解困与加大税收，保护自然资源，的确是一个两难选择。但长痛不如短痛，对开采成本过高，经济效益差的企业关停并转；同时，对那些稀缺资源，又要靠提高税率，加强税收征管，对滥采乱挖者设置一条重税警戒线，以防止竭泽而渔，焚林而猎。

资源税实行从量定额征收，其计税依据是课税物品的数量。单位或个人开采资源时，有的单纯是为了销售，比如铜矿、宝石。有的除了销售以外，还要有一部分自用，比如开采石油、煤炭的企业，在生产过程中也要消耗掉一部分产品。还有一些就地采矿的企业则主要是自用。按照有关规定，开采或者生产应税产品用于销售的，以销售数量为课税数量；应税产品自用的，则以自用数量为计税依据。用途不同，计税依据不同，这样，便使一些不法者有了可乘之机，他们往往明修栈道，暗度陈仓，谎报数量，偷漏税款。实际上，很多地方矿产开采的数量大于销售或自用的数量，超量开采，已经成为很突出的问题。对此，必须加大税收执行力度，强化税收稽查。另一方面，如果把产品销售或者自用的时间作为纳税时间，而不是以开采时间为准，那么这中间就存在一定的“时滞”。当然，有无必要完善这方面的计税方法还需要听听多方面的意见，根据实际情况加以确定。

城市土地不是免费午餐

● 顾名思义：城镇土地使用税，纳税人就是土地的使用者。这里的使用者仅仅是指国内企业，至于外商投资企业、外企在华机构是不在其列的。但这并不意味着这些外资机构可以免费使用土地，他们虽然不交纳城镇土地使用税，却要依法向政府缴纳土地使用费。

俗话说：天下没有免费的午餐。我国宪法规定，土地属国家或集体所有，私人和企业没有所有权，只能拥有使用权。而且土地使用权也不能白给你，你要用地必须向政府缴纳税金。政府得到的这块税收就是城镇土地使用税。

在我国，城镇土地使用税的出台几经变迁，三易其名，1984 年以前没有单独的土地税种，当时统称为房地产税；1984 年经单独立法，地产税从房地产税中剥离，成为土地使用税；1988 年再次更名为城镇土地使用税。顾名思义：城镇土地使用税，纳税人就是土地的使用者。这里的使用者仅仅是指国内企业，至于外商投资企业、外国企业在华机构，是不在其列的。但这并不意味着这些三资企业享受特权免费使用土地，相反，他们也要依法付费，只不过他们缴纳的不是城镇土地使用税而是政府规定的土地使用费。

长期以来，我国的土地使用采用行政划拨的方式，使用方只要能得到一纸批文就可以无偿使用、无限期使用。这里面出现土地不合理使用也就在所难免。打一个不甚恰当的比方：一位富贾一方的地主拥有良田万顷，把部分土地分给已成年的四个儿子。土地分出去之后既不收地租，也不需交养老费，于是儿子们觉得不拿白不拿，老大、老二好吃懒做，土地粗放经营，广种薄收；老三热衷于跑买卖，本不需要土地却也争得数顷，土地长年撂荒；老四安于本分，专心务农，可由于年龄小，分到的地也少，尽管精耕细作，却因无法扩大面积，搞规模经营一筹莫展。后来，老爷子感觉这样下去不利于奖勤罚懒，便制定了一个新规矩，按照使用土地的多少，收取费用。占地多费用就高；占地少收费也少。如此一来，过多的土地就成了烫手的山芋；土地耕作不好也会得不偿失。于是，老三原来的空地现在就要出让了；而老大、老二也从此不再怠惰。政府开征城镇土地使用税目的就是要通过经济手段，提高土地使用效率，防止土地浪费。

当然，城镇土地使用税的功效还不止于此，它的征收有效调节了土地级差收益。读过《资本论》的朋友肯定还记得，土地有级差收益：临近交通干线、城市中心的土地，如果租出去，价格自然要比荒郊野外、偏远之地要高，也就是说，土地所处的位置不同，给使用者带来的收益也不同，这就是土地的级差收益。古语讲，才有参差，量才使用。在税收运用上也应如此。为调节级差收益使不同企业公平竞争，城镇土地使用税也采取土地等级税额：不同地区，税额高低不同；同一地区不同地段，税额设计也有差异。譬如，在大城市，税款为每平方米每年 0.5 元至 10 元，而中等城市，为 0.4 元至 8 元，到了小城市，则调整为 0.3 元至 6 元，至于县城、建制镇、工矿区，应纳税额为 0.2 元至 4 元。

是不是拥有土地使用权就一定要缴税呢？实际情况并不完全如此。倘若一方拥有使用权，并且自用，那么自然是纳税义务人。如果拥有使用权的一方，并没有亲自使用土地而是由其他单位或个人使用、代管，那么，实际使用人和代管人便是纳税义务人。后一种情形在现实经济生活中比较普遍。如今，民工大量涌入城市，背井离乡，其中很多人在乡下仍保留着一亩三分地，以便给自己留条退路。这些人就属于有地不自用，其土地使用税根据税法由实际使用方（如租种方）或代管方交纳。如果土地权属发生纠纷，那么，不管权属最终归谁，只对具体使用人收税。还有一种情况，土地使用权既不是张三、也不是李四独有而是共同拥有，没有关系，各家按照实际使用土地比例照章上税即可。

出租房屋也有可能涉及城镇土地使用税，因之与老百姓生活息息相关，在这需要多说几句。近年来，房地产市场升温，愈来愈多的家庭告别了“四世同堂”大家庭，小家庭另起炉灶过上了“小日子”，居住条件明显改善。他们中很多人房屋产权在握，成了名副其实的有产者。有些人更是房屋富余，做起了出租的营生。在城镇土地使用税开征范围内，拥有房屋产权并且出租的个人应当依法纳税。纳税税额与两个因素有关，一是房屋占地面积（如果是出租院落，那么占地为整个院落占地面积），另一个是土地等级适用税额，一般在每平方米 0.2—0.5 元间变动。偏远地区的县城居民出租房屋可能适用 0.2 元/平方米的税额；而北京王府井的民宅出租，由于地处闹市，就会适用 0.5 元/平方米的税额了。

在城市建设中，广场、绿化地带属于公共用地，如果按照“谁使用谁付费”的原则进行税收征管，便会有相当难度，总不能让路经广场、绿化带的行人车辆，全都停下来缴税吧。何况，绿化地带本就是向百姓敞开的，倘若收税就失去了调节土地资源配置的本意。对于此类情况，税法予以免税。另外还有五类土地可以享受城镇土地使用税免税待遇，它们是：国家财政部门拨付事业经费的单位其自用的土地；宗教寺庙、公园、名胜古迹自用的土地；直接用于农、林、牧、渔业的生产用地；由财政部另行规定免税的能源、交通、水利设施用地和其他用地。此外，税法还规定经批准开山填海整治的土地以及改造的废弃土地，从使用的月份起免缴土地使用税 5—10 年。

土地使用税以纳税人实际占用的土地面积为计税依据。与前面“谁使用谁付费”的原则相呼应，这里强调的是，“多用多缴税，少用少缴税”。土地使用税的应纳税额 = 计税土地面积 × 适用税额。该税按年计算，分期缴纳。至于缴纳期限，中央政府下放权力，由省、自治区、直辖市人民政府确定。

城镇土地使用税自开征以来，作用不小。以 2002 年为例，该税种增长速度超过 10%。但是，该税种开征 15 年间，我国经济飞速发展，当初制定税法考虑的种种因素已经悄然发生了变化。比如，很多企业退二进三，租地迁厂，把企业原来所处的繁华路段或出租或转让，然后将钱款投资到郊外，这样既更新了厂房设备，还能富余出一笔流动资金。另外，为了防止污染，保护环境，并且发挥企业集聚的规模优势，在城市以外设开发区也在全国各地蔚然成风。然而按照现行税法规定，厂址设在城镇以外地区的，城镇土地使用税鞭长莫及，这就是为何有人主张改“城镇土地使用税”为“土地使用税”，扩大城镇土地税覆盖面的原因。

专司“内政”的房产税

● 在税收形式上，我国的房产税有两张面孔，一是财产税性质；一是所得税性质。财产税性质的房产税根据财产多少上税，财产的计算要么按照房产数量，要么依据房产价值；而所得税性质主要针对租赁出去的房产而言，以获得租金多寡征税。

时下因税务纠纷而对簿公堂，讨个说法的不在少数。据报道，美国有两个州曾因为一桩税收官司闹得不亦乐乎。原来，一位名叫约翰的男子租住了一套公寓，而这套房子恰好横跨加利福尼亚和新墨西哥两个州。那么，约翰租房缴纳的税款到底应该花落谁家？其实，税款事小，管辖权事大。两个州自然互不相让，官司一直打到联邦政府。对此，税制的始作俑者也始料未及，说不出个一二三来。最后，议员们经过激烈辩论，最后决定：约翰的卧室在哪个州，他就向哪个州交税。看来，即便是小小的房产税，也要设计得滴水不漏，无懈可击。如果都像案例中那样公说公有理，婆说婆有理，动辄把官司打到最高层，税种设计者可就颜面尽失了。

在我国，房产税并不是什么新鲜事物，相反，它是个恢复性税种。新中国成立仅两年，房产税就呱呱落地，接着它又与地产税合并，统称房地产税。22 年后的 1973 年，在税制改革中房地产税一分为二，一部分并入工商税；另一部分称为城市房地产税，只适用于个人、外商投资企业和房地产管理部门。直到 1984 年，第二步利改税时才恢复了房产税，但暂缓征收。它在全国范围内铺开正式开征已经是 1986 年的事了。从那一年开始，房产税和城市房地产税正式分家，各司其职。房产税专司“内政”，针对内资企业和国内人员征税；而城市房地产税主外，负责涉外企业和外籍人员的税收。

房产税中所指房产，首先是房屋形态的财产。既称之为房屋，就得有墙、有顶，既可遮风，又能避雨，可以在里边学习、工作、生活，比如说学校教室、出租的公寓、写字楼等。而房屋的附属物，如烟囱、室外游泳池等，就不计入房屋价值，也不作为纳税的依据。另外，这里的房产，还有地域限制，城市里的、县城里的、建制镇里的再加上工矿区的房产，才课征房产税，至于农村的普通民宅，包括富裕农民盖起的小洋楼，房产税是招呼不到的。

一般说来，谁拥有房屋的产权，谁就要依法纳税。但考虑到房产使用过程中会出现诸多情况，税法也相应做了区分，对纳税义务人作了较详尽的规定：产权属于国有的，由经营管理的单位缴纳。比如，前些年时兴办实体，某部门将名下的一套房产划出给所属的A公司作办公用。那么，按照税法规定，纳税义务人就是A公司。随着抵押贷款渐行其道，把房屋作为抵押物换取资金日益普及起来。行话把这种情况叫做产权出典。税法规定，产权出典期间不是由产权人纳税而是由承典方交税。假设A是产权方，为了买车把房屋抵押给了B，B就是承典方，那么，B在抵押期间，责无旁贷得缴纳房产税。此外，还有一些特殊情况。比如，甲集团公司总部在北京，但在南京却有一处房产。南京的房产由乙公司使用或代管，那么，乙公司就是房产税的纳税义务人。同理，总部在北京的甲集团公司把名下坐落在南京的一处房产，抵押给北京的丙公司，而丙公司在南京却没有分公司，于是将该房产出租，由南京的丁公司承租。那么，该房产的纳税义务人就成了丁公司。税法还规定，对于房屋产权未确定或者租典纠纷未解决的，由房产代管人或者使用人缴纳。

有人也许会问，是不是谁拥有房产，或者谁使用房产，谁就得纳税？实际上，并不完全如此。普通的老百姓，自家的房子自家住，并不需要缴纳房产税。但倘若有空闲的房子，租出去一套两套的，可就得照章上税，含糊不得。另外，税法规定，国家机关、人民团体、军队自用的房产，国家财政部门拨付事业经费的单位自用的房产都免缴房产税。宗教寺庙、公园、名胜古迹自用的房产也享受免税待遇。以寺庙为例，大雄宝殿，以及出家人住的禅房，无可争议，属于自用房产范围，免缴房产税。但那些想“搭便车”的照相馆、茶社，尽管设在庙内，却没资格享受税收优惠。

在税收形式上，我国的房产税有两张面孔，一是财产税性质；一是所得税性质。财产税性质的房产税根据财产多少上税，财产的计算，要么按照房产数量，要么依据房产价值；而所得税性质，主要针对租赁出去的房产而言，以获得租金多寡征税。与此相对应，房产税的税率也是两类：财产税性质的实行从价计税，税率采用比例税率，为 1.2%，从价中所指价格不是总价而是房产余额，通常情况下，按房产值扣除 10%—30%计算。另一类，按照所得，或者说，从租计税，仍采用比例税率，但税率却放大成 10 倍，达到 12%。

房产税开征以来，增长速度高过税收总额的增长。随着经济社会的发展，房产税的前景更为政府所看好。这就好比长跑队发现了一个好苗子，为了帮助他发挥潜力，增强实力，教练会单独开小灶帮助他纠正跑步姿势，正确运用呼吸方法。政府对房产税这一税种也在积极酝酿新的改革方案。从大的方面看，1986 年税制改革时，房产税和城市房地产税分灶吃饭，一个对内，一个对外。现在中国已经加入了 WTO，国内国外市场逐步融合，内资外资企业同台竞技，在房产税方面就存在一个公平税负的问题。适时修改完善现行税制，把房产税和城市房地产税合二为一，已是大势所趋。

另外，在税基、税率方面，现行房产税也需要改进、完善。从理论上讲，房产税就是要对房产课税，各类房产的产权所有者，自然要被列入纳税人范围。但我国房产税却不是如此。前面讲过，现行的房产税计税依据有两种，一是财产税性质的，一是所得税性质的。而现在世界上很多国家，在此之外还有消费税性质的。也就是说，只要你购了私房就要缴税。这样一来，房产税的税基可就宽泛多了。在我国，各种优惠政策使税基范围大幅缩小，但税负却不轻。我们的房产税特别是所得税性质的房产税，实行的是 12% 的税率，显然有点偏高。应该看到，住房制度改革后，很多公房已成为私人财产；随着机构改革的深入进行，不少单位也已产权在握。倘若秉承低税率、宽税基的理念，在税基方面不妨在事业单位用房、城市居民自用房上取消优惠使房产税覆盖面更宽些。税基扩大了，税率降一些，就不致影响税收收入，而且由于低税广征，推行起来受到的阻力也会减少许多。

向“子承父业”者征税

● 1994年税制改革时，政府有意把遗产税列为拟开征税种，社会各界呼声也很高。但尽管如此，遗产税却仍然犹抱琵琶半遮面，尚未从幕后走向前台。原来，遗产税从设计到执行里面大有文章，在当前情况下，要尽快开征遗产税，还有许多工作要做。

日本皇后美智子在日本家喻户晓，受到亿万国民的尊重。但是最近，税务机关却突然宣布将于近期拆除皇后故居，并定于2003年初把故居所占土地公开拍卖。原来，皇后的父亲过世后，美智子因无力支付高额遗产税才遭此一劫。按照日本税法规定，遗产超过4亿日元其遗产税税率达60%；倘若遗产超过20亿税率更是升至70%，税率如此之高，令人闻之咋舌。而且，即便贵为皇后也不能网开一面，遗产税执行力度之大由此也可见一斑。

遗产税是财产税的一种，它的课税对象是财产所有者死亡后的遗留财产；该税的纳税人则是遗产继承人和受遗赠人。人不可能死而复生，因而遗产税也是在财产所有者身后进行一次性征收。起征点高、税率累进是遗产税的特点。也就是说，继承得来的钱财越多，纳税比例也越高。以美国为例，遗产税的起征点是 60 万美元，最高税率是 55%。由于起征点高，普通老百姓大可不必担心，而那些靠祖宗荫庇，一夜乍富的，接到高额的遗产税单感觉会比割肉还痛。据统计，每年去世的美国人中只有 2% 的人被征收了遗产税，难怪有人把遗产税戏称为“富人税”。

目前，开征遗产税的有 100 多个国家，遗产税制共有三种模式：总遗产税制、分遗产税制和混合遗产税制。所谓总遗产税是对遗产总额征收税款，它不管亲属关系亲疏，也不管税负承受能力，实行“一刀切”，采用这种税制的有美国、英国等。总遗产税制优点是程序简单，容易征收；缺点是只和遗产总额挂钩，不管三七二十一，谁要沾了遗产的光，都得按一个标准交税。与总遗产税制相比，分遗产税制设计就比较周全。财产继承人和被继承人关系远近不同税率不同；分得的财产不同税率也不同。倘若儿子和侄子继承同样遗产，那么，他们各自适用的税率有差别；同样是儿子，继承金额不同，纳税金额也不同。日本、法国等国家采用的就是这种税制模式。它克服了总遗产税制的缺点，但实际操作时却为适用税率高的人借用税率低的人的名义私下交易，从而使偷漏税成为了可能。混合税制，毫无疑问，是总遗产税制和分遗产税制的混合体，它先按照总遗产征一道税，其后，每个继承人再按照继承额交纳一次继承税，相当于二次征税，目前，伊朗采用的便是这种税制。这种模式，因重复征税，税负较高，而且，征税手续也比较繁杂。

尽管遗产税的税率较高，但由于它起征点也高，税源不广，所以，其对财政收入的意义倒不是最主要的。与很多重在为财政“创收”的税种不同，开征遗产税带来的社会效益要远远大于其经济效益。中国有句老话：富不过三代。意思是说，祖辈辛辛苦苦积攒的家业，倘若留给不争气的儿孙，往往会令他们好吃懒做，大把的银子挥霍不了几代最终家境败落，富贵繁华梦一场。遗产税的征收，尤其是高额税率的征收，使“大树底下好乘凉”的时代黄鹤一去不复返。很显然，推行遗产税，一定程度上可以减少整个社会食利阶层人数，倡导自强自立的风气。即便是富家子弟也没有太多的“老本”可以仰仗，而要积极工作，靠自己的双手去赢得财富。

遗产税的另一个功能是调节收入再分配，缩小贫富差距。有人这样比喻遗产税，说它是“拿富人的身后款济世扶贫”。政府不仅用遗产税的收入扶危济困，使来自社会的财富回归于社会，而且，遗产税的开征能够在某种程度上使人们站在同一起跑线上，进行公平竞争。除了上述功能外，征收遗产税还带来了一个“副产品”——促进了公益事业的繁荣。这一点，连税种设计者也始料未及。我们常常听到，国外某某“大款”热衷慈善事业，资助孤儿院，设立教育基金，每每一掷万金。他们这样做固然有人格高尚的一面，从另一个角度看，也与开征遗产税不无关系。经济学中有一个“经济人”假定，认为绝大多数人都会追求利益的最大化。热衷慈善事业的大款自然也不例外。他们虽然挣得了巨额财富，但拥有广厦万间每晚也只睡一张床；名下良田万顷一日也是三餐足矣。尤其是开征了遗产税，与其让万贯家私最终大部分缴了税款，不如提前投入到公益慈善事业，赢得生前身后名。

早在 20 世纪 40 年代，我国就曾开征过遗产税，但所征寥寥。建国初期也曾经再次设立遗产税，可是新中国既没了地主，资本家也参加了公私合营，城市工人又实行低工资，所以遗产税实际上徒有其名，很快也就停征了。改革开放以后，中国经济发展一日千里，人们的腰包渐渐鼓了起来，特别是一部分人先富起来，社会上收入差距逐步拉开。政府审时度势，于 1994 年税制改革时再度把遗产税列为拟开征税种。但尽管呼声很高，遗产税却仍然犹抱琵琶半遮面，尚未从幕后走向前台。原来，遗产税从设计到执行里面大有文章，在当前情况下，要尽快开征遗产税还有许多工作要做。

如果开征遗产税，不管采用总遗产税制、分遗产税制或者是混合遗产税制，都要弄清楚一个问题：遗留财产数量。直到1999年11月，国家才恢复征收储蓄存款利息个人所得税，2001年4月才开始实行个人存款账户实名制。而各银行间的计算机还没完全联网，想查实个人财产尚存在技术上的困难。遗产数量统计不出来，税收就成为无源之水，无本之木。再者，财产的概念很大，既包括土地、房产，也包括证券、投资，门类很多，即使银行系统完备，所提供信息也只能局限在与银行业务相关的内容上，届时，需要与各类财产相关机构的协调配合。另外，合理确定遗产税的起征点、税率也需要进行充分的可行性研究。当然，遗产税的开征还涉及相关法律的修改，比如民法和继承法，就要把缴纳遗产税正式列入其中，赋予其合法身份。

在税收征管上，税务机关必须未雨绸缪，拿出有效的应对方案。目前遗产税尚未开征，很多人就有“先见之明”，提前采取了避税措施。据广州媒体报道，很多买房者担心遗产税开征，自己辛辛苦苦买下的房子将来继承到孩子手中时会大打折扣。于是干脆以孩子的名义购置房产，这样不仅给国家将来的税收带来损失，而且，按照有关规定，一旦房地产的合法产权人为未成年人，为了保护未成年人的合法权益，房屋就不能随意转让、交易。这对于发展房地产市场、促进房产交易显然不利。再比如，西方国家遗产税和赠予税同时开征，主要防止人们通过赠予逃避遗产税的行为。我们是否也依法照做，值得探讨。“凡事预则立，不预则废”。我们既要借鉴国外的先进经验，又要从国情出发，把这个关乎许多人一生家业的税种尽量设计得周密、完善。

“皇粮国税”牵动农业兴衰

● 按税法规定，一切从事农业生产、有农业收益的单位和个人都要缴纳农业税，征税对象是农业总收益。照理说，就总收益课税有点像所得税，但是所得税的征税对象是净所得，而农业税指的是总收益，并不扣除成本费用。

皇粮国税，古已有之。直到今天，“交公粮”一词仍是中国农民的口头禅。其实，公粮就是农业税。解放后，农业税曾长期征收实物（公粮），1985 年改为缴纳现金，尝试由实物税向货币税转变。可是，农民卖粮交税多了一重交易，平添许多麻烦。如果碰到谷贱伤农，出现卖粮难，农民负担更重。考虑到国情和农业的特殊性，1993 年经国务院批准，财政部又明确规定，农业税征收采取两种方式：既可以货币缴纳、货币结算；也可以实行“实物征收，货币结算”，即按规定品种中等质量的公粮数量、计税价格，折算农业税金额，农民以粮纳税，依质论价，以完成金额任务为准。

中国是一个农业大国，农业是国民经济的基础。农业税作为一个独立税种充分考虑了我国农业发展水平、生产特点以及自然条件、历史传统等因素，有自身鲜明的特点。按税法规定，一切从事农业生产、有农业收益的单位和个人都要缴纳农业税，征税对象是农业总收益。照理说，就总收益课税有点像所得税，但是所得税的征税对象是净所得，而农业税指的总收益并不扣除成本费用，从这一点上看，它的课征方法又类似商品税。

我们知道，工商税收按月收取，长流不断。农业税却不能照方抓药，月收月缴。道理很简单，中国地域辽阔，自然条件不同，种植习惯各异，生产周期较长，因此，农业税只能在作物收获时节进行，一般分夏秋两季集中征收。但各地的具体交税时间也不可能齐头并进，税务部门要根据当地的自然情况，灵活掌握，及时收缴。

民谚云：白露早，寒露迟，秋风麦子正当时。农业生产受自然因素影响大，丰年稻谷满仓，荒年颗粒无收，都是时有发生的事。不过，虽然丰歉难测，可从较长时间看，农产品产量、价格还是相对稳定的。也正因如此，农业税的计税依据不是当年的产量，而是常年产量，即根据土地的自然条件、当地的一般经营条件和种植习惯在正常年景下所能收获的产量。常年产量一般按主粮（北方为小麦，南方为稻谷）评定，其他非主粮产品，要按一定标准折算为主粮作为计税依据。

我们常说，农业不兴，无谈百业之兴，农业不稳，则诸业不稳。体现在税收负担上，农业税保持长期稳定。1958 年农业税条例颁布，全国平均税率规定为常年产量的 15.5%，这一税率长期保持不变。与其他按比例征取的税种相比，农业税有一明显不同，即实行地方差别比例税率。在实际操作中，农业税税率呈现两种形式：平均税率和适用税率。平均税率自上而下，依次为全国平均税率、各省平均税率，直到县平均税率。以国家规定的平均税率作参照，各省、自治区、直辖市可根据自己的情况确定各自的平均税率。譬如，黑龙江高居榜首，为 19%，北京 15%，新疆 13% 等等。到这里，中央就彻底放权了，各省再顺流而下，敲定地、州、县、市的平均税率，直至落实到基层。至于纳税人的适用税率，指的就是每个纳税人的税率。一般来讲，县级政府根据平均税率结合纳税人情况予以确定。

应该说，单从农业税的角度来看，农民的负担并不算重。国家规定 15.5% 的平均税率，只是个名义税率，现实中很少突破，目前全国实际平均负担率不到

3%。农业税在财政收入中的比重也是一路走低，以2000年为例，农业税为165.9亿元，仅占当年税收总额的1.3%。但近些年来，为什么农民负担不轻反重呢？听一听老百姓口传的谚语，个中原因便昭然若揭。“头税（农业税）轻，二税（提留统筹）重，三税（集资摊派）是个无底洞”。乱集资、乱摊派和乱收费才是加重农民负担的罪魁祸首。农业部对100个县监测调查显示，2000年农民上缴的各种行政事业性收费、集资和摊派同比增长竟达21%。

为解决农村税费混乱问题，切实减轻农民负担，从2000年起，我国推出税费改革试点，调整农业税政策。到2002年，试点范围继续扩大，涵盖了20个省、自治区和直辖市。所谓农村税费改革是通过税收形式规范国家、集体和农民的分配关系，它的主要内容概括起来就是三取消、两调整和一改革，即取消乡统筹、教育集资等行政事业性收费和政府性基金、集资，取消屠宰税，取消统一规定的劳动积累工和义务工，调整农业税和农业特产税，改革村提留征收使用办法。其中农业税政策调整大刀阔斧，涉及计税面积、常年产量、税率等。在计税土地上，一改“一锅煮”的习惯做法，只对用于农业生产的土地征税；对于常年产量，固定在1998年前5年农作物的平均产量，并宣布保持长期稳定，这无异于给农民一颗定心丸。至于税率，更是使出大手笔，仍实行地区差别比例税率，但最高不超过7%，远在全国平均税率之下。农村税费改革的确给试点地区的多数农民松了绑，一些农民夏季一次性缴清全年税款便是对税费改革的肯定。

但是与发达国家相比，我们的农业税政策是否需要调整，还需仔细斟酌。西方许多农产品生产国，政府对农民不征反补，即不仅不向农民收税反而给予直接补贴。譬如，2000年，美国对耕地的补贴为每公顷100—150美元；而欧盟诸国对农业的补贴达到300—350美元。在我国，情况正好相反，不补反征，也就是说，国家不仅没有补贴反而征收农业税、牧业税、特产税。计算下来，我国农业税费大约在每公顷100—150美元之间。这一正一反，相当于同等条件下，中国农民比美国农民每公顷多交纳200—300美元。再从农业经营规模上看，我国仅是欧盟国家的四十分之一，美国的四百分之一。经营规模小，但负担重，与外国农业同台竞技，我国农业自然没有优势可言。入世后我国农业面临的状况更令人担忧。

综观全球，有三类税收与农业、农产品和农民有关。第一类，把农民作为一般国民的税收；第二类，对农产品流通的征税，如消费税、营业税、增值税等；最后一类，是我国采用的农业税等针对农业生产的税收。前面说过，农业税不仅在总量上，而且在整个税收中所占的比例都比较低。即便取消农业税，对总税收的影响无足轻重，但却能惠及亿万中国农民。由此产生的资金缺口不妨借鉴加拿大等发达国家的做法，即征收消费税取代农业税。有人算过一笔账，以2000年为例，我国全社会消费品零售额34152亿元，假如按1%征收消费税，可征300多亿元，仍远远高出当年165.9亿元的农业税收入。当然，瓜熟才能蒂落，对农业税进行根本改革还需左右权衡，周密论证，待时机成熟才能水到渠成。

西方财税理论

凯恩斯充分就业原理

“拉弗曲线”与减税

收入均等化原理

经济的内在稳定器

李嘉图—巴罗等价定理

税负的转嫁与归宿

凯恩斯充分就业原理

● 既然有效需求不足是市场机制自发作用的结果，那么，扩大有效需求，实现充分就业，就必须动用政府的力量，对经济实施干预，用扩张政府需求的办法来弥补私人有效需求的不足，促使总需求和总供给在充分就业的水平上实现均衡。

20世纪30年代，当时的西方世界正处于深重的危机之中，人们渴求着解脱困境的“万应灵丹”。恰逢此时，凯恩斯的《就业、利息和货币通论》问世，这犹如救世主光临，使焦头烂额的各主要资本主义国家的政府首脑如获至宝。阅读《通论》的浪潮在西方迅速铺开，凯恩斯由此声名鹊起。

在凯恩斯看来，资本主义真正的经济病症主要是失业。如果这个顽症得不到有效根治，那么，资本主义将会走向全面毁灭。所以，凯恩斯写《就业、利息和货币通论》一书的目的就是要开出良方，医治病症。凯恩斯指出：失业不仅是危机的集中表现，而且是困扰资本主义制度的祸首。一个国家有了失业，这个国家就会以邻为壑，甚至不惜牺牲他国以改善本国的就业状况，造成武装冲突；另外，煽动家常常可以利用失业工人的心理灌输危险的观点；法西斯分子也可以利用失业提出改进经济状况的诺言而获得追随者，从而登上历史舞台。总而言之，失业是一个国家必须致力于解决的首要问题，只要全社会消除了失业，那么，包括危机在内的一切经济问题便可以迎刃而解。

传统的经济学也不断然否认失业。但他们认为，失业只有两种："摩擦失业"（因生产暂时的、局部的失调而引起的失业）和"自愿失业"（工人觉得工资低或工种不好而不愿就业）。而凯恩斯却认为，除以上两种失业外，资本主义还存在一种"非自愿失业"，即人们既不追求高工资，也不刻意挑选工种，但结果还是失业了。为什么会出现这种被迫失业呢？凯恩斯说，这是由于社会有效需求不足引起的。因为需求不足，企业产品卖不出去，资金不能回笼，再生产难以为继，于是企业主不得不解雇工人。

那么，有效需求为什么不足呢？为了回答这个问题，凯恩斯把有效需求分为投资需求和消费需求，然后用三个心理规律分别揭示了消费与投资不足的原因。
1. 人们有一种节约的心理，或者说是一种天生对储蓄的爱好，收入增加之后，总要把更多的钱储蓄起来，从而使消费在整个收入中的比例不断下降，这就造成了“消费倾向递减”。虽然消费随着收入一起增加，但消费总比收入增加得慢。所以，社会愈富裕，收入增加愈多，收入与消费之间的差距也就愈大。钱被储蓄起来本身就意味着市场上的这部分消费需求静静地消失了。2. 虽然消费需求不足可以用投资需求的增加来弥补，但是，企业家是否愿意投资却要看他对资本未来收益的预期是否乐观。在利息率不变的情况下，如果资本边际效率高即新增加的每单位投资预期可得到高额利润，那么，企业家投资的积极性便会高涨，反之则相反。然而，在一个竞争性的市场上，由于资本投入逐渐增多，一方面会使供给增加，供给价格降低，从而使新增产品的销售收入下降；另一方面，新增投资必然加大对生产设备的需求引起此类产品供给紧张，价格上涨，从而使生产成本增加。这两方面的情况结合在一起，使得“资本边际效率趋于递减”。吸引资本家投资的诱惑力减弱，投资需求会经常呈现不足。3. 人们出于交易、谨慎和投机的需要，普遍具有“流动偏好”的心理，即总是更喜欢以周转灵活的现金形式保存自己的一部分收入。这样，要鼓励人们放弃流动偏好，就必须提高利息率，从而使得资本边际效率与利息率相比更显得低，投资需求更为不足。由此可见，消费需求不足使得储蓄增加，投资需求不足又不能吸引储蓄将其转化为投资，结果造成了整个社会的有效需求不足。

既然有效需求不足是市场机制自发作用的结果，因此，扩大有效需求，实现充分就业的目标就不可能由市场机制来达到，而必须动用政府的力量，对经济实施干预，用扩张政府需求的办法来弥补私人有效需求的不足，以促使总需求和总供给在充分就业的水平上实现均衡。围绕这个思路，凯恩斯开出了如下药方：1. 赤字预算。凯恩斯极力主张政府扩大支出，进行各种投资，刺激投资欲。在他看来，即使造成大量财政赤字也没有什么了不起，因为“举债支出虽然‘浪费’，但结果倒可以使社会致富”。他呼吁财政政策从传统的预算平衡概念中解放出来，走向主动的、积极的赤字预算，以此刺激社会经济活动，增加国民收入。2. 适度通货膨胀。他主张国家通过自己控制的中央银行系统地增发货币，扩大信贷，压低利率。认为这样做一方面可以使企业家预期到纯利润将增大，从而会增加投资的欲望；另一方面，纸币流通量的增加造成物价上涨，这不仅压低了工人的实际工资，相对地提高资本边际效率，增强了投资引诱，而且令人们考虑到保持更多的现金是不聪明的，于是阻碍投资引诱的“流动偏好”将会越来越小，投资需求便会高涨。3. 福利措施。凯恩斯认为向富人征税再救济给穷人有利于提高整个社会的边际消费倾向。因为富人的钱越多，储蓄的钱越多，而征税后储蓄会减少，再救济给穷人，使之用于消费，从而会扩大消费需求，刺激生产，实现充分就业。

凯恩斯的理论提出之后，很快风靡于西方各国经济学界，成为居主流地位的一大经济学派。其以需求管理为中心的一整套政策主张也在战后西方各国得到不同程度的采用；其在抑制经济危机的破坏力、扩大就业、平稳经济周期性波动、促进资本主义经济发展等方面的确取得较为显著的成效。一位美国经济学家曾作过如下评论："毫不夸张地说，在30年代，拯救资本主义的功绩应归功于在二次大战前和二次大战期间所采用的凯恩斯充分就业政策。"但是，凯恩斯药方说到底只是一种治标不治本的主张，它在挽救资本主义的同时也给资本主义带来了新的困扰：1973—1975年危机以后，西方经济出现了所谓的"滞胀"，失业率与物价同时上涨，经济衰退与通货膨胀同时并存。凯恩斯偶像终于被粉碎，西方经济学界一片混乱，各个思想流派一涌而起，与凯恩斯正统学派相抗衡，从而逐步争夺各自的地盘，谋求"凯恩斯革命的再革命"。

"拉弗曲线"与减税

● 主张以大幅度减税来刺激供给从而刺激经济活动的供给学派认为：税收并不是随着税率的增高总在增高，当税率高过一定点后，税收的总额不仅不会增加，反而还会下降。

20世纪30年代的大危机促成了凯恩斯主义，其所提出的需求管理政策被西方不少国家长期奉为"国策"。但是，"玫瑰色的繁荣期"过去后，"服用"凯恩斯药方的国家却纷纷得了相同的后遗症："滞胀"，即经济停滞与通货膨胀并存。这一令人头疼的现代顽症弄得各国政府顾此失彼、进退两难：如果继续按照凯恩斯的主张刺激需求，那么，就要设法增加政府收入、提高税率和实行更大的赤字预算，这将使通货膨胀更加恶化；如果与凯恩斯政策决裂，采取紧缩措施以抑制通货膨胀，又会导致生产失去引诱力而萎缩，最后造成经济衰退。在这种情况下，如何医治"滞胀"这个恶疾便成了现代西方经济学家研究的重点。在这其中，南加利福尼亚商学研究生院教授阿瑟·拉弗提出的“拉弗曲线”理论因被里根政府采纳而轰动一时。

有一则逸闻谈到“拉弗曲线”的诞生：为了说服当时福特总统的白宫助理切尼，让他明白只有通过减税才能让美国摆脱“滞胀”的困境，宴会上的拉弗即兴在餐桌上画了一条抛物线，以此描述高税率的弊害。他指出，当税率提高到一定程度后，不仅增加财政收入的愿望要落空，而且也与通过刺激需求来刺激生产的初衷适得其反，最终导致经济衰退与通货膨胀并存。这个理论得到同来赴宴的《华尔街日报》的副主编贾德·万尼斯基的极大赞赏，他利用记者身份在报纸上大肆宣传，很快便使减税的主张博得社会各界的认同，“拉弗曲线”的影响从此遍及欧美大陆。

拉弗全面否定了凯恩斯的需求管理政策，指出正是由于人为地、经常地刺激需求，使物价不断上涨，这一方面带来了严重的通货膨胀，另一方面又削弱了社会购买力，致使经济增长缓慢甚至停滞。因此，他认为，应该刺激的恰恰不是需求而是供给。企业家之所以扩大生产规模，主要的诱因还是利润，特别是除去纳税和各种杂费之后的净收益。因此，对收入增加部分所课的税率，对企业主考虑扩大投资规模是否合算是一个举足轻重的关键因素。所以，政府应该确定一个合理的税率，使其既刺激企业主投资又不会减少政府太多的收入。这便是“拉弗曲线”致力于说明的内容。

如果在纸上画一个开口朝下的抛物线，令抛物线的高度表示税收，两个底端的连接线表示税率，再把这横竖两条直线交叉成一个直角坐标，这便构成了一个标准的“拉弗曲线”，它表明了税收与税率之间的关系：当税率为零时，税收自然也为零。而当税率上升时，税收额也逐渐增加。当税率增加到一定点时，税收额达到抛物线的顶点，这就是最佳税率。如进一步提高税率则税收额将会减少，因为税率过高使企业只有微利甚至无利，于是他们便会心灰意冷，纷纷缩减生产使企业收入降低，从而削减了课税的基础，使税源萎缩。当税率达到 100%时就会无人愿意投资和工作，政府税收也降为零。

可见，税收并不是随着税率的增高总在增高，当税率高过一定点后，税收的总额不仅不会增加反而还会下降。因为决定税收的因素不仅要看税率的高低，还要看课税的基础即企业收入的大小。过高的税率会削弱经济主体的活动，从而缩减了课税的基础，最终导致税收总额的减少。因此，高税率不一定有高税收，而较低的税率反而可以获得最大的税收。拉弗把超过最佳税率点的部分称为“禁区”，认为当税率进入禁区后，降低税率是政府刺激生产、鼓励投资从而增加税收的惟一可行政策。

拉弗进一步指出，美国当时的税率已高得使私人企业只有削减生产，而政府要增加收入以扩大开支又不得不使这个高税率再提高，于是，政府税收不但没能增加，反而继续下降。因为高税率使商品的生产成本增加，净利润减少，从而严重地挫伤了人们的劳动热情；另一方面，高税率致使储蓄下降，而储蓄减少将使利率上升，高利率又使企业投资萎缩进而导致生产率增长缓慢，出现商品的供给不足；若这时再人为地扩大需求，通货膨胀必因此加剧，从而使投资进一步萎缩，生产更加停滞……因此，根本的出路在于削减政府开支，用大幅度减税的政策代替刺激需求政策，大力降低税率。

这样，经过一定时间的阵痛后，政府的税收便会有较大程度的增长。因为税率降低可使私人企业的利润增加，这不仅可以鼓励私人投资，还可以提高私人企业的投资能力。于是，“经济供给面”将受到刺激，生产增加，征税面扩大，税源充足。虽然就单项产品而论，税收看似减少了，但由于征税的产品数量大大增加，政府的税收总额将远比减税前大得多，这样，既可复兴经济又可改善财政与就业，一举多得。

这个在餐桌上诞生的经济学理论得到了美国前总统罗纳德·里根的支持。在1980年的总统竞选中，里根将拉弗所阐述的这条曲线作为“里根经济复兴计划”的重要理论之一，并提出了一套以减少税收、减少政府开支为主要内容的经济纲领。里根执政后，又任命了一些主张减税的人士进入他的经济管理班子，而其减税的幅度在美国历史上实为罕见。当华盛顿的大钟敲响了1984年12月31日24点之后，美国政府在回顾四年期间的通货膨胀率连连下降、经济增长出现当时少有的景气时，不少人认为“拉弗曲线”理论立下了汗马功劳。而以拉弗为代表的、主张以大幅度减税来刺激供给从而刺激经济活动的人便统统被称为“供给学派”。

收入均等化原理

● 同样一笔财富，富人从中得到的满足会比穷人少，将富人的一部分收入转移给穷人会增加整个社会的福利，这便是收入均等化原理。收入均等化也因此成了各国实行财政转移支付的基本依据 。

明朝的周容曾经写过一篇文章叫《芋老人传》。文中有一个故事，讲的是一个穷书生进京赶考，没有钱住店，有一天傍晚，饥寒交迫，在一位农夫的房檐下避雨，被农夫叫到屋里，给了他一块芋头吃，他吃得香甜无比，对农夫千恩万谢。后来，穷书生金榜题名做了相国，吃遍了天下的山珍海味，越吃越没有味道。于是，他开始怀念赶考途中吃过的芋头，便找来当初的那位农夫，请农夫煮一块芋头给他尝一尝，结果大失所望，扔下筷子问："何前者香而甘也？"农夫感慨地说："时位之移人也。"这个故事，其实蕴涵着一个经济学的原理，它就是福利经济学的收入均等化原理。

福利经济学产生于 19 世纪末到 20 世纪初这段时

间，这个时候，资本主义正从自由竞争向垄断过渡。随着一批掌握巨额资产的垄断寡头的出现，资本主义社会由来已久的两极分化、贫富悬殊等问题变得更加尖锐、更加触目惊心了。广大劳动者长期在温饱线以下挣扎，造成了严重的社会对抗和冲突。无论从维护资本主义制度的需要出发，还是从人道主义的角度来看，这种赤贫现象的普遍存在已经不能再熟视无睹了。于是，许多政治家、经济学家和社会团体便开始重视和研究这方面的问题，探讨解决问题的方法。福利经济学就是在这种背景下产生的。美国经济学家汉内曾明确的指出："英国社会问题——庞大的社会财富和大众的贫困对比——非常严重，并且由于世界大战而变得尖锐起来。因此有些思想家以建立社会福利这一种标准概念为目标，并引导经济学研究社会政策以接近这一目标的倾向就突出起来了。这种研究趋势可以叫做'福利经济学'。"英国经济学家庇古由于最早建立起福利经济学的理论体系而被后人称作"福利经济学之父"。

福利经济学的核心目标是如何增进个人乃至整个社会的福利。它的思想渊源是边沁的功利主义，即人的本性是追求幸福，人的行为是趋利避害，绝大多数人的幸福就是道德准则和立法依据。福利经济学的"福利"这个词就是从边沁的幸福演化而来的。庇古认为，一个人的福利，来源于他从社会生活中获得的满足。福利包括的内容很广，除了财富的占有之外，享受闲暇、社会地位、家庭幸福、友谊、爱情等也可以给人带来满足，从而构成个人全部福利的一部分。但是，这部分幸福是很难计算的，同时它又跟财富的多寡有很大的关系，所以，经济学主要研究与财富有关的那部分福利即经济福利。社会福利是个人福利的简单加总。因此，福利经济学所研究的福利增加，严格说来是经济福利的增加，那么，如何才能增加一个社会的经济福利呢？庇古认为，主要有两个办法：一是增加财富，即国民收入，国民收入越大，经济福利越大，一个人实际收入的增加和一个国家国民收入的增加都是经济福利的增加。二是促进个人之间收入的均等化。

为什么收入的均等化可以增加整个社会的经济福利呢？让我们再重温一下周容讲的那个故事。当故事的主人公还是穷书生时，一块芋头他吃得香甜无比，从中得到了很大的满足。而做了相国以后，同样的芋头就变得不好吃了，从中得到的满足少了。农夫看到了同一个人的这种变化，于是便发出了“时位之移人也”的感慨。其实，对于贫富不同的两个人，这个故事仍很有说服力，也就是说，同样的消费品，穷人从中得到的满足要比富人多。如果说得普遍一些，我们将消费品进一步推广到经济财富，这个结论还是成立的。同样增加1元钱的收入，对于富人是锦上添花，而对穷人来说则是雪中送炭，显然，穷人从中得到的福利要比富人多。如果我们将富人的一部分收入转移给穷人，富人的福利虽然有所损失，但他仍然是富人，不会伤筋动骨，而穷人则可以增加更多的福利。这样，收入均等化政策一方面减少了富人的福利，另一方面又增加了穷人的福利，但由于富人的福利损失小于穷人的福利增加，将个人的福利加总以后，社会的总福利无疑是增加了。

如何才能把富人的一部分收入转移给穷人呢？庇古认为，主要有四条措施：一是自愿转移，即富人自觉自愿拿出一部分收入来举办教育、科研、保健和娱乐等福利设施，或捐助慈善事业。二是强制性转移，由政府征收所得税或遗产税，然后将其中的一部分资助穷人。三是直接转移，也就是举办社会保险和社会服务设施。四是间接转移，对于穷人最迫切需要的食品、住宅等商品由政府给予其生产单位一定补贴，从而降低售价，使得穷人从中受益。不过，庇古同时指出，财富的转移并不是无条件的，搞不好会带来负面的影响，因此要注意财富转移不能影响生产，“如果这种转移影响到资本家的投资和积累，那么就会把有钱人搞穷，穷人到头来反而吃亏”。同时，收入转移要防止出现懒惰和浪费，富人的一笔收入是否应该转移给穷人，要看这笔收入投资于福利事业是否能比投资于实业带来更大的回报，如果大，说明转移是合理的，否则就是不合理。为此，庇古反对施舍性的救济而主张提高工人的劳动技能和技术，使他们能够更有效率地工作。

庇古的收入均等化原理一经提出，就引起了西方经济学界的广泛注意，但也招致了一些批评，其中以他的学生琼·罗宾逊的批评最为激烈。罗宾逊认为，个人从社会生活中得到的满足，亦即个人福利纯属一种心理体验，根本无法比较。穷人有穷人的痛苦，富人有富人的烦恼，很难说富人的烦恼要比穷人少。而且人的主观判断千差万别，本质上是不同的，对其进行加减计算是一种谬误，因此，庇古的收入均等化原理是不成立的。后来，以罗宾逊等人的批评为基础，经济学家们又发展了庇古的理论，形成了新福利经济学。

经济的内在稳定器

● 补偿性财政政策主张：在经济萧条时期，政府要增加预算开支，降低税率，提高社会总需求，造成赤字预算；而在经济繁荣时期，政府要压缩预算开支，提高税率，缩小社会总需求，造成盈余预算。

任何一个国家，都会有一定的公共开支，如基础设施、文教科卫、政法国防、环境保护等等，相应地政府就会筹措到一笔收入来应付这些开支。正如一个家庭的收支安排需要理财人精打细算一样，国家的收入和花费也必须经过严密的计划，以尽可能满足公共需要和维持经济稳定，而这一经济活动的担当者便是政府预算，西方经济学中，公共财政就等同于政府预算。

预算实际上是一个收支表，它表明的是一年中政府各项计划的预计支出与可望从税收取得的收入。收大于支是预算盈余，收小于支是预算赤字；而当税款收入与政府开支大体相等，那么，我们便说它达到了预算平衡。

至于政府如何作好财政年度预算，一直是经济学家们争论不休的问题。在资本主义初期，经济发展的道路上充满阳光。在这条金光大道上，凭借着个人自由的营利活动，积累或储蓄起来的财富都转化成了资本，所以人们认为，政府的职责只是在生产之外为国民提供安全保障和公共福利，由此国家的财政活动也仅仅局限于单纯维持政府运转，是社会财富的一种纯耗费。因此，以威廉·配第和亚当·斯密为代表的古典经济学家几乎一致反对赤字预算，认为赤字预算使政府公共活动扩大，会导致私人经济部门相对萎缩，并引起通货膨胀。他们坚信预算平衡才是理财正确的标志，因为只有平衡的预算才是稳健的财政，才有利于市场经济的均衡发展，他们主张尽可能地减少税收负担是经济发展所必需的前提条件；并且每年的预算都应该保持平衡，使收支大致相抵，不能入不敷出；预算的数额不应当太大，花钱应很谨慎，支出的目的应当有严格的限制，坚决节制铺张浪费等等。这种认识在经济学上被称为“廉价政府”和“中立税收”，而传统经济学所主张的这一套政府理财方针也就被称为“健全财政原则”。

然而，从20世纪30年代大危机以后，财政政策具有了前所未有的革命性作用。为了救济成千上万的失业者而投入的大量政府支出带来了经济的复苏；依靠累进所得税和遗产税等推行的税收政策无形中起到了调节收入分配的作用；而其中具有重要意义的是政府通过财政政策实现了保证生产要素全面利用的目标。这样，人们开始意识到，政府的作用不仅仅在于维持国内外的和平，而且还可以作为一国经济的公共部门进入生产领域，利用财政工具来保证经济的稳定增长，即是说，政府可以通过扩展或收缩公共部门的经济活动来弥补私营部门投资的膨胀或不足，修补经济中出现的问题，如用较高的赤字来对付衰退，用较低的赤字或是盈余来抑制通货膨胀等。自此，人们开始丢弃政府预算必须逐年或逐月地达到平衡这种观念，认为这种平衡可以在一个经济周期后达到，即可以用繁荣时期的盈余来弥补萧条时期的赤字，这就是梅纳德·凯恩斯的“赤字财政政策”和阿尔文·汉森的“补偿性财政政策”所主张的内容。

为了尽快把西方国家从大萧条中“拯救”出来，凯恩斯投入了对国家预算问题的争论，他认为可以利用财政预算赤字向经济中注入额外购买力，从而增加产量和就业，刺激整个社会的投资欲。他批评力求预算平衡的“健全财政”政策，指出在经济萧条时期，财政收入显著减少，如果这时仍压低支出，以求预算保持平衡的话，势必使财政收入继续下降，经济进一步恶化，到头来仍然无法平衡预算。如果不死守教条，扩大支出，实行赤字预算，反倒可以带来经济“繁荣”，并增加财政收入，取得预算的平衡。

这种借助于有意的不平衡政府预算来稳定国民收入的主张，被凯恩斯主义在美国最得力的传播者、新古典综合派的先驱阿尔文·汉森教授进行了强调和重新阐述。他的《财政政策和经济周期》一书，是美国主要经济学家支持凯恩斯的财政预算主张及分析解释其理由的第一部著作。

汉森指出，由于财政政策是涉及税收和开支的政策，因此它本身就是现代经济重要的“内在稳定器”；在经济繁荣时期，个人和企业的收入都得到增加，于是税收自然增加；另一方面，失业减少，低收入的人减少，于是失业保险支出和各种福利支出自动减少，收多支少自然使财政预算出现盈余。反之，在经济衰退时期，个人和企业的收入都减少了，于是税收自动减少；与此同时，失业保险和各种福利支出又自动增加，收少支多，财政预算便呈现赤字。但赤字并不可怕，因为从一个经济周期来看，萧条时期的赤字可以用繁荣时期的盈余进行抵补，这样，在一个较长的时期内，财政仍然保持了其预算的平衡——这便是可以实行“赤字预算”的理由，因为“内在稳定器”能够熨平经济的周期性波动，保护国民收入的稳定增长。

虽然汉森阐释了“赤字预算”的理由，但他并不赞同持续的“赤字财政”。他认为，资本主义经济并不是永远处于危机之中，而是时而繁荣，时而萧条，因此，经济政策就不应以扩张为基调，而应根据经济中繁荣与萧条的更迭交替地实行紧缩与扩张的政策，如果经济中存在通货膨胀的压力，政府就增加税收，减少开支，以此抑制物价上升，缓冲过热需求。如果经济中的失业率增高，私营部门投资不足，仓库和零售店的存货渐渐堆积，政府就减少税收，增加福利支付，推进计划中的基本项目，以此刺激经济，提高社会的总需求水平。由此，汉森提出了著名的“补偿性财政政策”的主张：在经济萧条时期，政府要增加预算开支，降低税率，提高社会总需求，造成赤字预算；而在经济繁荣时期，政府要压缩预算开支，提高税率，缩小社会总需求，造成盈余预算。按照这种政策，预算不必年年平衡，可以在萧条时期实行赤字预算，在繁荣时期实行盈余预算，做到整个经济周期内盈亏相抵。

汉森的不平衡预算原则对西方各国的财政政策产生了极为深刻的影响，在整个20世纪50年代，美国基本上奉行的是补偿性财政政策。与单纯的扩张性财政政策相比，这种政策最突出的优点是不会产生严重的财政赤字与通货膨胀。而汉森的这一财政思想，通过他的哈佛财政政策研讨班足足影响了一代学生，其中就有后来执西方经济学之牛耳的保罗·萨缪尔森、加尔布雷思和詹姆斯·托宾等人。

李嘉图—巴罗等价定理

● 今天的公债就是明天的税收。因此，不论是用征税的方式来增加收入，还是发行公债来应付支出，它们的经济效果是等价的。

19世纪初，拿破仑在欧洲大陆挥师南北，征战东西，德意志伏在他的脚下，奥地利屈从于他的军刀，土耳其苟延残喘，西班牙惟命是从，沙皇俄国亦步亦趋，大英帝国也被他搞得焦头烂额。为了对付法国，英国使用金钱和外交手段组建了反法同盟，这使它军费开支日趋庞大，国库入不敷出。如何解决军费的筹措问题，是课税还是发行公债？英国国会为此展开了激烈的讨论。争论的焦点就在于这两种筹资方式其经济效应有什么差别，哪种方式对减少居民的消费支出，紧缩国内经济的负面影响更大一些。李嘉图认为，无论是以征税的方式来筹措军费，还是用发行公债的方式来应付支出，其效应都是等价的，即政府选择哪种融资手段与其最终的经济效果无关。上世纪 70 年代，美国预期学派经济学家巴罗继承并发展了这一观点，于是后人便称之为李嘉图—巴罗等价定理。

在这两种筹资方式的选择中，以马尔萨斯为代表的一派人认为，大量的征税会缩减国内经济，相比之下，发行公债的负效应可能会更小一些。比如说，每年的军费开支需要2000万英镑，平均每人每年要捐纳100英镑，如果采用课税的方式，劳动者就得设法迅速从收入中节约100英镑，这无疑会减少消费需求，导致需求不足，带来严重的经济紧缩。然而，如果发行公债，则每个劳动者只需支付这100英镑的利息，在年利率为5%的情况下，政府只要向每个人增加5英镑的税收，也就是说，每个人只需在支出方面节余5英镑即可解决问题。这样一来，劳动者仍像以前一样富足，不会大幅度地减少消费，因此其副作用会更小一些。李嘉图则认为，这纯粹是一种错觉。发行公债与课税的差别仅在于公债要偿付利息，但利息的偿还只不过是将一部分人的收入转移给另一部分人，即把纳税人的收入转移给公债的债权人，并不改变英国财富的总量。不论采取哪种方式，英国每年筹集2000万英镑支援其他国家，它自己都会损失2000万英镑；这无疑会减少劳动者的收入，降低个人的消费支出，所以，这两种方式的经济效果是完全相同的。

对于李嘉图的等价定理，我们也可以换一个角度来理解。假定政府决定用公债来代替税收，一方面减税，使每个家庭的收入增加 100 英镑。另一方面，为了弥补税收收入的减少，发行年利率为 5%、偿还期为 1 年的公债，发行量与减税总额相当，这些公债虽然不是每个家庭都必须购买，但平均到每个家庭头上仍旧是 100 英镑。面对这样的变化，每个家庭的消费支出会作出什么样的反应呢？按照李嘉图的观点，由于每个家庭都会意识到，将来政府会用增加税收的方式偿还公债的本金和利息，因而他们会把因暂时的减税而增加的 100 英镑储蓄起来，以保持原来的消费计划不变。到了第二年，当政府为还本付息而增加 105 英镑的新税时，劳动者正好可以用 100 英镑储蓄的本金和利息缴纳，其原来的消费计划仍然继续保持。由此可见，当政府为某一支出项目而筹措资金时，究竟是增加税收还是增加公债，对消费者来说是无所谓的，其行为不会因公债对税收的替代而发生变化。

西方宏观经济学非常重视李嘉图的等价定理，因为宏观经济理论的创始人凯恩斯主张“相机抉择”，就是在需求不足时政府应采取赤字预算，用发行公债的方式筹措资金增加政府的支出，带动国内需求的增加；相反在经济高涨时则保持预算盈余，以便抑制通货膨胀。如果李嘉图的等价定理成立，即发行公债和增加税收一样会带来个人消费支出的减少，那么，政府预算赤字所增加的需求就会被居民消费的减少所抵消，相机抉择就不起作用了。正是站在反对凯恩斯主义的立场上，美国预期学派经济学家巴罗坚持并发展了李嘉图的观点，他的发展表现在李嘉图的等价定理面临着一个基本的困难，就是公债的偿还毕竟是未来的事情，也就是说，用公债来替代税收有一个延期支付的问题，对一些长期公债，比如 10 年期、20 年期的公债而言，延期的时间还是很长的。但每个居民都不会长生不老，如果他们意识到死亡可以逃避将来的税负，那么消费者从利己的角度出发必然会在公债代替税收以后，增加现期的消费支出，而不是保持不变，这样，等价定理就不成立了。

为了推广李嘉图的等价定理，巴罗发表了一篇著名的论文叫《政府债券是净财富吗?》，文中提出了一个独创性的观点，就是消费者有将一部分财产留给后代的动机，这种动机是利他的。即消费者不仅关心自己的消费，而且关心其子孙后代的消费，这样一来，是由他本人来承担偿还本息的税负还是由他的后代来承担就没有区别了。比如，由于政府用公债代替税金，一个消费者在初期减少了 100 英镑的税负，在巴罗看来，即使这个消费者知道自己活不到偿还公债的那一天，也不会增加自己当前的消费。因为这个人是个利他主义者，深知自己的后代要偿还公债的本息，所以他会将这 100 英镑储蓄起来留给后代，而不是自己将它消费掉。这样，等价定理仍然成立，也就是说，纳税和公债一样会减少个人的消费。

尽管经过巴罗的发展，等价定理仍然还是有问题的。原因就在于无论是李嘉图还是巴罗都将消费者作为一个整体，而没有分析其中的结构性因素。比如对那些富人来说，他们的收入很多，在扣除了消费支出以后还有一些剩余，在这种情况下，如果政府对富人发行公债，然后用所得的收入来接济穷人，都不会减少富人的消费而增加了穷人的支出，站在全社会的角度看，发行公债的结果就不是减少消费，而是增加了消费。但等价定理的这一点缺憾，并没有使得它黯然无光，因为它仍然留给我们一些有益的启示，解释了公债的本质。今天的公债就是明天的税收，它的本金归根到底要用课税的方式来清偿，这一点无论是对内债还是对外债来说都是适用的。

税负的转嫁与归宿

● 国家对某一类商品课税，纳税人并不一定全部承担相应的税负，他可能将其中的一部分转嫁给了别人。税收政策的设计必须充分地注意这一点。

你与你的一位朋友到饭店吃饭，最后他结了饭费，我们通常说，他是买单者。不过请注意，如果你的这位朋友有一定的神通，可以将饭费拿到别处——比如国有的公司——去报销，这时，他就将这笔支出转嫁给了国家，此时最后买单者不是他而是全体公民。明白了这一点，有助于让你保持清醒的头脑。如果一个人在你面前一掷千金，你不要被他的假象所迷惑，简单地认为这个人很慷慨或是腰缠万贯，实际上，他很可能是个穷光蛋＋吝啬鬼，他请你吃饭仅仅是想做个顺水人情，甚至是乘机打一打自己的牙祭。既然日常生活中的现象都如此复杂，在经济学的领域中就更是自不待言了。比如国家对某种商品的生产征税，从表面上看是这种商品的生产者缴纳了税金，实际上，他可能并没有承担所有的税负，或者只承担了一部分而将其余的部分转嫁给了别人，这就是税收的转嫁和归宿问题，是财政理论一个非常重要的内容。

如果你要进一步了解纳税人是怎样将税负转嫁给别人的？他转嫁了税负的多大一部分？要回答这个问题，我们就得首先学习一个经济学的概念——弹性。弹性的数学含义是两个变量的变化率之比。一种商品，比如说面包，如果它的市场售价增加了10%，供给相应地增加了15%，那么面包的供给弹性就是1.5，同时，如果面包的价格上涨以后，居民转而消费更多的米饭，对面包的需求减少了，减少的比例是5%，那么面包的需求弹性就是0.5。不论是供给弹性还是需求弹性，只要弹性系数小于1，我们就认为是缺乏弹性的；相反，如果大于1则是富有弹性。一般来说，如果一种商品的供给弹性很大而需求弹性很小，国家对这种商品课税，税负将更多地由消费者承担，反过来，如果供给弹性小而需求弹性大，那么这种商品的税负将更多地落在供给者的身上。这个结论尽管看起来有点复杂，但却跟我们在日常生活中的感受是一致的。比如你要参加一个非常重要的会议，急需买一套像样的西装，在买与不买之间回旋的余地很小，也就是需求缺乏弹性，那么，如果你的这种心思被服装摊的摊主摸透了，他就会乘机抬高价格“宰”你一刀，情急之下，你也只好任“宰”。要是抬高的这部分价格可以比做是一种“税”的话，那么，相应的税负就由你承担很大一部分。所以，那些善于杀价的人总是力图掩饰他的真实想法。一种商品，即使非常喜欢，他也表现出可买可不买，一副无所谓的样子，甚至磨磨蹭蹭的假装离去，心里却希望摊主将他叫回来。用经济学的术语来描述这种状态，就是他的需求表现得很有弹性，面对这样的买主，摊主只好忍痛割爱，降低售价。

为了让大家更深入地理解弹性与税负转嫁的关系，我们不妨看一个对面包征税的例子。假定在政府对面包课税之前，面包市场供求平衡的销售量是100吨，均衡价格是每袋2元；在这2元中既包含了供给者生产面包的成本，也包含了正常的利润。现在，政府决定对面包课征销售税，每袋的税额是1元，那么要保持和原来一样的利润，供给者就得把面包的售价提高到3元，如果消费者对面包的需求完全没有弹性，也就是说，不论面包的价格是多少，居民的需求量总是100吨，那么，他们就被迫接受每袋3元的售价，纳税人将税负完全地转嫁给了消费者。另一种极端的情况是供给完全没有弹性，生产者在短期内无法将面包的产量迅速地降下来，但需求却非常有弹性，售价稍高于2元，居民的需求会迅速地从100吨降为零，这样一来，生产者为了将面包卖出去就不能维持每袋3元的高价，而只好把价格降下来，并一直降到原来每袋 2 元的水平，这时的税负一点都没有转嫁出去，全部由生产者自己来承担了。大多数的情况则介于两者之间，政府课税一方面提高了面包的价格，另一方面又降低了面包的产量，比如在销售 70 吨和售价 2.6 元时达到了新的平衡，这时消费者买面包要比以前多花 0.6 元，承担了税负的 60%。而生产者虽然在名义上缴纳了 1 元的税金，但在扣除了这部分税金之后，每袋面包只比以前少卖了 0.4 元，因而他并没有承担所有的税负而只是承担了其中的 40%。

如果我们把政府提供的补贴看做是一种反向的税收，那么转嫁依然是存在的，而且，利用上面的分析方法，我们同样可以分析这些补贴最终转嫁给了谁。比如在政府向农民提供补贴之前，小麦的市场售价是每公斤 3 元。现在为了调动农民生产小麦的积极性，政府决定对每公斤小麦提供 1 元的补贴，结果当年的小麦大幅度的增产了。但小麦是一种生活必需品，它的一个重要特点就是需求弹性很小，当人们消费了一定的面粉之后，小麦的价格再低，人们也不会大量的增加自己的消费。这样一来，小麦增产以后就无法维持原来每公斤 3 元的价格而被迫大幅度降低售价，比如在每公斤 2.2 元时实现了供求平衡，此时农民只得到了政府补贴的 20%，其余的 80% 转移给了消费者。在这里，政府对小麦提供补贴本来是想保护农民的利益，但由于存在补贴的转移，农民只得到了一小部分好处，这无疑削弱了政府扶持政策的力度。如此看来，单纯依靠补贴无法有效地调动农民的生产积极性，所以西方国家常常在提供补贴的同时还要附之以其他政策，比如说限额。

经济学之所以非常重视税负的转嫁与归宿，是因为其中蕴涵着明确的政策含义。谁最后买单对公平和效率的影响很大，如果税负的转嫁过多地损害了富人的利益，就会影响他们的工作积极性，带来效率的损失，反过来，如果将税负过多地转嫁给了穷人，减少了他们的收入，就会有碍于社会的公平。因此为了兼顾公平和效率，在设计税收结构时必须要考虑税负的转嫁与归宿的问题。同时，上面的讨论还有助于我们理解，为什么西方国家在总统选举中各候选人会在税收问题上持有不同的主张，原因在于为了争取不同的选民，他们总是力图避免税负转嫁损害这类人的利益，或是通过补贴间接地为这些人提供好处。在这种情况下，那些分布特别分散，组织起来特别困难的群体往往要受损，而获益的则是那些活动能力强，比较容易组织在一起的群体。

后　记

大约15年前，我曾与同学合作编过一本《财税指南》，当时我还是中国人民大学的博士生，没走出过校门，对实际经济体悟不深，故编那本书时我们只能把课堂上学到的一些财税理论系统加以整理。不成想书出版后，却大受读者欢迎。后来此书一版再版，印数突破5万。

如今十多年过去，中国的财税体制也已几经变革。为了帮助官员们了解最新财税知识，于是我与我的博士生联手写了这本《与官员谈财政税收》。此书本来年前就已动笔，可由于事务缠身，一直进展很慢。今年4月，北京闹“非典”，离不得京，出不得门，这倒让我有了充裕的时间，两个月下来书稿便告完成。

这部书稿，已由《中国经济时报》连载刊出。这次交付出版前，我又对文字作了修改和订正。我和我的合作者要特别感谢为本书出版给予过支持和帮助的朋友们，他们是：《中国经济时报》总编辑包月阳先生，副总编辑余斌、张剑荆先生，总编助理车海刚先生以及李慧莲女士；中国青年出版社社长胡守文先生，总编辑徐文新先生。本书责任编辑赵长敏老师为本书的面世做了大量具体的工作，这里我们也一并致谢。

王东京

2003 年 6 月 1 日于北京海淀大有庄